Llyfrau Llafar Gwlad

Ar Hyd Ben 'Rallt

Elfed Gruffydd

Llyfrau Llafar Gwlad

Golygydd y gyfres:
John Owen Huws

Argraffiad cyntaf: Chwefror 1991
Argraffiad newydd: Gorffennaf 1999

ⓗ *Elfed Gruffydd/Gwasg Carreg Gwalch*

Ni chaniateir defnyddio unrhyw ran/rannau
o'r llyfr hwn mewn unrhyw fodd
(ac eithrio i ddiben adolygu)
heb ganiatâd perchennog yr hawlfraint yn gyntaf.

Rhif Llyfr Safonol Rhyngwladol:
0-86381-581-2

Clawr: Smala, Caernarfon

Argraffwyd a chyhoeddwyd gan Wasg Carreg Gwalch,
12 Iard yr Orsaf, Llanrwst, Dyffryn Conwy LL26 0EH.
☎ (01492) 642031 ▤ 01492 641502
e-bost: llyfrau@carreg-gwalch.co.uk
lle ar y we: www.carreg-gwalch.co.uk

Cynnwys

Cydnabod 4
Cyflwyniad 6
O Faen Dylan i Garreg y Llam 8
O Bistyll i Gwmistir 14
I Drwyn Penrhyn Melyn 21
O Draeth Penllech i Borth Tŷ Mawr 27
I Faen Melyn Llŷn 38
Ynys Enlli 67
I Borth Ysgo 75
O'r Rhiw i Aber-soch 84
Tua Phwllheli 96
O'r 'Berch i Gricieth 102
Y Greigddu ac Afon Glaslyn 108
Llyfryddiaeth 114
Atodiadau 117

Cydnabod

Dymunaf ddiolch yn ddiffuant i:

Glwb y Bont am y cyfle i gael llunio'r gyfrol hon
Dr Gwenda W. Evans am ganiatáu i mi ddethol o blith ei chasgliad ardderchog o gardiau post
R.S. Thomas am ei gyfraniad i'r Atodiadau
Wasg Carreg Gwalch am eu ffydd wrth argraffu o'r newydd ac am y graen arferol wrth gyhoeddi.

Ni fuasai'r gyfrol hon wedi bod yn bosibl o gwbl oni bai fod llu o gyfeillion wedi rhannu eu gwybodaeth â mi, a'n bod i gyd yn hyderu y cedwir yr enwau a'r hanesion sydd ynghlwm â hwy yn fyw i genedlaethau'r dyfodol. Bu'r cyfan yn bleser pur ac mae fy nyled yn fawr iddynt i gyd.

Cyflwynaf y gyfrol hon i Evelyn,
Manon, Ffion a Mared

Cyflwyniad

Af yn ôl i Lŷn fy nhad,
Af i Lŷn ein diflaniad. (Alan Llwyd)

'Pe bai 'nhad yn fyw mi allai o enwi'r cyfan.' Dyna ddywedwyd wrthyf lawer gwaith pan es o gwmpas i gasglu enwau yn ymwneud â'r arfordir. Unwaith y diflanna cenhedlaeth mae cyfoeth o enwau yn diflannu efo nhw, yn arbennig enwau sy'n rhan o draddodiad llafar. Gwelir enwau caeau, afonydd, llechweddau ac yn y blaen ar fapiau a dogfennau prynu a gwerthu tir. Ond enwau a glywir mewn sgwrs pysgotwr, creincwr a chasglwr broc yw enwau cilfachau, ogofâu, gelltydd a thyllau crancod. Ni chollir yr enwau am y rheswm hwn yn unig ond fe'u llurgunnir wrth eu trosglwyddo o dafod i glust, a gall y ffurf a ddefnyddiwn ni yn awr fod yn dra gwahanol i'r ffurf wreiddiol.

Mae'n siŵr fod yma wallau; gwn fod yma fylchau, ac ni honnaf fy mod yn gyfarwydd â phob clogwyn, cilfach a thwll. Derbyniaf pob beirniadaeth am y gwendidau hyn, ond gofynnaf i'r sawl a ŵyr yn well fy ngoleuo.

Nid wyf nac ieithmon, daearegwr na dyn môr, ac felly ni thrafodir meysydd fel hyn gydag unrhyw awdurdod. Yn *Enwau Lleoedd* dyfynnodd Syr Ifor Williams ymateb Syr John Morris-Jones pan ofynnwyd iddo beth oedd ystyr rhyw air. Dywedodd mai dim ond 'ffyliaid fyddai'n ceisio egluro enwau lleoedd'.

Mae daeareg yn ymddangos i mi yn wyddor astrus tu hwnt. Gwn fod creigiau Llŷn gyda'r rhai hynaf, yn eithriadol o galed ac wedi gwrthsefyll tonnau'r canrifoedd. A phan fo clogwyn o dywod neu glai rhwng dwy graig, yna, yn y man, fe ffurfir bae a dau benrhyn. Ceir manylion ar ddaeareg yr ardal yn *Atlas Sir Gaernarfon.*

Gwelais ddogfen yn dyddio o 1524 sy'n rhoi rhestr o'r cilfachau a'r porthladdoedd lle caniateid i longau lanio yn y flwyddyn honno. Dyma nhw, a gadawaf i chwithau eu diweddaru:

> *The bay of Dynlley betwene karrek y llan and the barre of Carn'*
> *The bay between Karrek y llam and penrryn Dynllayn*
> *The Crik of abergyerch*
> *The Crik of porth yskadan*
> *The Crik of porth y Gwylen*
> *The Crik of Porth ychen*
> *The Crik of porth penllegh*
> *The Crik of porth Colmon*
> *The Crik of porth Veryn*
> *The Crik of porth Yeagowe*
> *The Crik of porthor and the Ile of Bardsey*
> *The Crik of porth Muduy*

The bay of Aberdaron
The bay of Nygull
The Roode of the two Ilonder of Stidwall
The Crik of Aber Soigh
The bay of Castellmarch
The baye of stydwalles to the geist
The havyn of pullele in the myddes of the said baye

Casglwyd y mwyafrif o'r enwau a welir yn y gyfrol hon ar gyfer cystadleuaeth yn Eisteddfod Genedlaethol Llangefni 1983. Ychwanegwyd ati ers hynny a cheisiwyd rhoi cig ar yr esgyrn gan osgoi mynd yn gatalogaidd. Mae swyn arbennig yn yr enwau. Gwelir ynddynt gyfoeth llafar y trigolion lleol, gan nad troi at eiriadur a wnaent i ddethol gair. Llwyddasant i ddisgrifio rhan arbennig o'r arfordir yn fyw a chywir gan gynnig gwybodaeth am fywyd gwyllt, arferion a hanes yr ardal. Cododd yr enwau yn naturiol o sgwrs ddiwylliedig cymdeithas glòs ac o weithgarwch beunyddiol y werin. Gwelir dylanwad y môr yn drymach ar rai ardaloedd na'i gilydd, rhai yn dibynnu mwy arno, a'r lleill wedi troi eu cefnau arno a wynebu'r tir.

Yng ngwanwyn 1986 treuliodd Wyn Lloyd Roberts, Iwan Huws a minnau bedwar diwrnod yn cerdded ar hyd yr arfordir o Bontllyfni i Bwllheli. Roedd yn brofiad bythgofiadwy, a'r amrywiaeth tywydd a'r golygfeydd yn wefreiddiol. Yn ddiweddarach cerddodd Len Jones, Llanbedrog, weddill y daith i Borthmadog efo mi. Dymunaf ddiolch yn gywir iawn i'r tri ohonynt.

Un o ddarlithoedd blynyddol Clwb y Bont, Pwllheli a draddodwyd ar Chwefror 27ain, 1991 oedd *Ar Hyd Ben 'Rallt* yn wreiddiol, ac fe'i cyhoeddwyd ar gyfer yr achlysur hwnnw. Bu'r casglu a'r sgwrsio ar gyfer y ddarlith yn bleserus tu hwnt. Gobeithiaf y cewch chwithau fwyniant wrth ddarllen y gyfrol hon, ac y gellwch chwithau gyfrannu tuag at gadw'r enwau a'r hanesion ar gof. Ond nid dod i'w hadnabod ar bapur yn unig a ddylid. Cerddwch y llwybrau, eu parchu a throsglwyddo'r diddordeb i genedlaethau'r dyfodol. Mi ddof efo chi.

O Faen Dylan i Garreg y Llam

Cychwynnodd y tri ohonom ar fore Sadwrn niwlog yn nechrau mis Ebrill o **Draeth y Wig** ym Mhontllyfni, gan droi ein cefnau ar fro'r Mabinogi – Dyffryn Nantlle a Bryn Gwydion – ac ar **Gaer Arianrhod** a orweddai'n dawel allan yn y môr. Mae cysylltiadau â'r Mabinogi yn drwchus yma a dywedir mai yma yng Nghaer Arianrhod, neu Dregaranthrag ar lafar yn ôl Alun Llewelyn Williams yn *Crwydro Arfon*, yr oedd llys Arianrhod, y Dduwies Geltaidd a oedd yn ferch i Dôn ac yn chwaer i Gwydion y dewin.

Ond nid dyma'r ffin rhwng Dwyfor ac Arfon; mae honno ychydig yn nes i Ddinas Dinlleu, a rhyngom a'r ffin honno mae **Traeth Tŷ Mawr**, ceg **afon Llifon**, **Traeth Ysgubor Fawr** ger y fferm bysgod, ac aber **afon Llyfni**. Wrth adael Traeth y Wig wynebwn yr Eifl a Llŷn y tu hwnt, a gwelir **Maen Dylan** ar y traeth caregog. Maen Dylan, medd Alun Llewelyn Williams, yw'r penrhyn bychan sy'n torri ar undonedd y traeth. Ychydig a wyddys am Dylan, ond honnir ei fod yn nofiwr hynod o gryf a'i fod yntau, fel Lleu Llaw Gyffes, yn fab i Arianrhod. Crybwyllir ef ym mhedwaredd gainc y Mabinogi:

> . . . cyn gynted ag y daeth i'r môr, fe gafodd natur y môr ac fe nofiai cystal â'r pysgod gorau yn y môr ac oherwydd hynny y gelwid ef Dylan Ail Don.

Dywedodd un bardd anhysbys gynt:

> Yn yd wna ton tolo
> Bedd Dylan Llan Beuno.

Awgryma hyn yn gryf mai yng Nghlynnog y claddwyd Dylan, a dyna'r fan a'n hwyneba wrth inni fynd heibio **Glan Môr Cae Morfa** a **Thraeth Aberdesach**. Mewnforid glo i Aberdesach flynyddoedd yn ôl a cheir tŷ yn dwyn yr enw Iard yno heddiw. Bu'r adeilad hwn yn swyddfa i'r busnes glo sy'n ein hatgoffa o'r prysurdeb hwnnw a fu flynyddoedd yn ôl.

Hen ffurf ar enw'r afon sydd â'i haber yma yw Aberdindesach, sy'n tystio'n gryf, meddir, i'r gred mai hen lwyth Gwyddelig y Deisi a roes ei enw i'r fan.

Digon prin yw'r enwau arfordirol yn yr ardal hon, ond fe geir **Y Borth** lle mae traeth bychan, olion odyn galch a lle a gliriwyd ar gyfer dod â llong lo i mewn. Ni fu yma lawer o brysurdeb pysgota, ond ar storm fawr yn yr hen ddyddiau daeth peth wmbreth o bysgod i'r lan. Cariwyd hwy oddi yma mewn troliau, a chan fod gormodedd ohonynt taenwyd hwy fel gwrtaith ar y tir. Gweithred annoeth iawn oedd honno, mae'n debyg, gan na chafwyd fawr o bysgod yno byth wedyn.

Yn niwedd 1920 lansiwyd bad achub Rhoscolyn i ddod i roi cymorth i stemar oedd ar ei ffordd o Lerpwl i Gasnewydd. *Timbo* oedd enw'r llong ac wrth ymroi i geisio ei hachub collodd y bad achub bump o'r criw yng nghyffiniau Llanddwyn. Collodd y *Timbo* hithau bedwar o'i chriw, cyn iddi yn y diwedd ddod i'r lan yr ochr isaf i Dŷ Mawr, Clynnog. Am ryw reswm neu'i gilydd ni chyfrifwyd y lansiad hwn yn un swyddogol ac nid oes cofnod swyddogol ohono. Bu'n golled drom iawn i'r gymdeithas yn Rhoscolyn a chan na ellid cael criw addas ar gyfer y bad achub, caewyd yr orsaf yn 1929.

Yng **Nglan Môr Clynnog** ceir dau draeth bychan wrth ochr ei gilydd. Mae'r cyntaf ohonynt, **Y Traeth Mawr**, yn draeth glân, dymunol. Pan oedd Dafydd Pritchard, Cefn Gwreichion yn blentyn, y 'fisitors' a ddefnyddiai hwn meddai ef. Defnyddiai'r plant lleol y traeth arall, sef y **Traeth Bach**, i ymdrochi ac yn hwnnw mae'r **Garreg Fawr** ac arni ôl troed a bys. Arferai cychod pysgota Trefor lanio yn y Traeth Mawr a gadewid hwy yma tra byddai'r pysgotwyr yn mynd o gwmpas i werthu eu mecryll. Deuai'r gwragedd lleol yma hefyd yn eu tro, i hel gwichiaid. Roedd yma odyn galch a chariai'r ffermwyr wymon oddi yma mewn troliau i'w ddefnyddio fel gwrtaith.

Rhwng pentref Clynnog a'r môr ceir Bachwen – fferm gyda chromlech ar ei thir a roddodd fod i'r enw **Glan Môr Bachwen** ar y rhan hon o'r arfordir.

Yn y môr rhwng Clynnog Fawr yn Arfon a Chlynnog Fach ym Môn, sef ardal Llangaffo a Llangeinwen, ceir man a elwir yn **Gored Beuno** a ddisgrifir fel hyn gan Eben Fardd yn *Cyff Beuno*:

Dynodir y lle hwn gan garneddi o feini mawrion a ymddangosant ar drai, yn agos i'r lan gerllaw **Porth Clynnog**; dywedir fod Gored Beuno yn y chweched ganrif yn dir sych ar drai.

Gellid felly groesi drosodd ar drai yn yr hen oes. Cerdded drosodd wnâi Sant Beuno pan âi i Fôn i bregethu. Wrth ddychwelyd un tro, gollyngodd yr hen sant ei lyfr pregethu ac aeth yn ei flaen heb sylwi ei fod wedi ei golli. Wrth lwc, codwyd y llyfr gan gylfinir a'i gario i dir sych. Yn dâl am hyn addawodd Duw y gwarchodai'r aderyn hwn a'i nyth am byth.

Ar ôl atgyweirio'r eglwys yng nghanol y bedwaredd ganrif ar bymtheg, lluniodd Eben Fardd 'Awdl ar Adgyweiriad Hen Eglwys Ardderchog CELYNOG FAWR YN ARFON'. Disgrifia weithgareddau'r mynaich yn yr abaty yn amser Beuno a cheir y cyfeiriad hwn at y Gored:

Rhai a geir tua'r 'Gored', – am bysgod
   I ymmbesgi, 'n myned;
Ond yr hwyr dyr i wared,
   I ado y 'Cryw' am DY CRED.

Yr un yw ystyr 'cored' a 'cryw', sef argae wedi ei ffurfio o byst wedi eu gyrru i wely afon neu'r môr, a gwiail wedi eu plethu rhyngddynt i

ddal pysgod.
Arferai'r mynaich blethu matiau â morhesg. Tybed a dyfent yma? Roedd ardal Niwbwrch ar draws y dŵr yn enwog am hyn:

Yna, o ddilyn addoli, – aiff un
I ffwrdd at ei 'Blethi',
I weithio **mat**, ac ati,
O forhesg main llesg min lli'.

Dywedir mai cerrig o Landdulas a ddefnyddiwyd i atgyweirio'r eglwys ac iddynt gael eu cario yma ar ysgraffiau.

O dan y Gurn Goch mae **Glan Môr Tyddyn Hen** ac yno tua 1927 y glaniodd pedwar morwr mewn cwch achub a ddaeth o long a aeth i drafferthion rhwng Llŷn ac Iwerddon. Yn ddiweddarach defnyddiwyd coed y cwch i wneud warws flawd i siop yn yr ardal.

Mae'r arfordir hwn hyd at Drefor yn cael ei ystyried yn hynod ddiddorol a gwerthfawr gan wyddonwyr oherwydd geomorffoleg y gelltydd a'r traeth. Ceir amryw o safleoedd sy'n haeddu'r un sylw ar arfordir Dwyfor ac felly fe'u dynodir gan y Cyngor Gwarchod Natur yn Safleoedd o Ddiddordeb Gwyddonol Arbennig. Mae'n bwysig iawn ein bod ninnau fel trigolion lleol yn gwerthfawrogi hynny ac yn ceisio addysgu ein hunain ynglŷn â hwy a throsglwyddo'r etifeddiaeth honno i eraill.

Arferiad pur gyffredin wrth enwi traethau a phorthladdoedd oedd defnyddio enw'r fferm oedd â'i thir yn dod i allt y môr. Dyna a welwn wrth nesu at Drefor gyda **Glan Môr Tyddyn Hywel** – Tyddyn Hywel Haul yn wreiddiol – a **Glan Môr Tan y Graig**. Pan ddechreuwyd gweithio ar lethrau'r Gurn Goch a'r Gurn Ddu codwyd glanfa yng Nglan Môr Tan y Graig ar gyfer llwytho'r llongau, ac yn nes ymlaen adeiladwyd glanfa arall yng Nglan Môr Tyddyn Hywel. Deuai'r sets i lawr ar hyd y lein o'r chwarel, o dan y ffordd fawr ger y fan lle gwelir yr hen swyddfa ac i'r traeth. Deuai cerrig mân a llwch i lawr mewn tybiau ar wifren.

Wrth nesu at Drefor cawn **Y Gesail, Gallt Gwydir Bach** a **Gallt Gwydir Mawr**. Yn y cerrig o dan Gwydir Bach gwelir **Llyn Gwydir** cyn dod i **Lan Môr Trefor** neu **Lan Môr Cei** neu'r **Tywod**. Ar **Drwyn y Cei** ceir **Y Garreg Ddu**.

Ond nid y tir sych yn unig a enwir. Mae mannau allan yn y môr wedi eu henwi hefyd, mannau pysgota poblogaidd. Ym **Mae Trefor** ceir y **Patch Mawr** a'r **Patch Bach**. Cyfeiria David Thomas at deitl baled o waith Robert ap Gwilym Ddu sy'n adrodd hanes trist 'wyth o wŷr a foddodd wrth Bysgota Penwaig ar Fay Llanhaiarn, Tachwedd 6, 1795'. Enwir yr wyth yn y faled a dywedir bod eu gwragedd a'u plant yn gwylio'r cyfan o'r lan. Yr adeg honno nid oedd sôn am Drefor gan mai Hendref oedd yr enw ar y fro rhwng Llanaelhaearn a'r môr. Yn wir, pan ddaeth bad achub i Drefor yn 1883 cyfeirid ato fel bad achub Llanaelhaearn. Sefydlwyd gorsaf bad achub yn Nhrefor, yn bennaf oherwydd y rhagdybiaeth y byddai galw cyson am y bad oherwydd prysurdeb y llongau cario cerrig. Ond bu'n segur iawn am wyth mlynedd ei fodolaeth, ac ar ôl i'r orsaf gau gwerthwyd yr adeilad i gwmni'r chwarel.

Gyda datblygiad y diwydiant ithfaen adeiladwyd y **Doc Bach**, y **Cei** a'r **Harbwr** ar gyfer allforio'r cerrig o waith Trefor. Adeiladwyd yr **Hen Gei** yn 1867 a'r **Cei Newydd**, sef yr un pren, yn 1912. Ymlaen wedyn mae **Trwyn y Tâl** neu **Glogwyn y Morfa** (gerllaw ffermdy'r Morfa), lle bu cloddio am gerrig haearn. Go brin fod sail i'r gred i'r trwyn gael ei enw am mai yma y derbyniai peilotiaid y llongau cerrig eu tâl am ddod â'r llongau i mewn i ddiogelwch yr harbwr.

Bu Trwyn y Tâl yn angau i o leiaf ddwy long yn y bedwaredd ganrif ar bymtheg. Pan oedd bron â chyrraedd pen ei thaith i Lerpwl o Brasil yn 1841, aeth brig a elwid *Strathmore* yn yfflon ar y creigiau. Yn 1883 bu cryn ddrama pan aeth y bad achub allan i roi cymorth i'r *Lady Hinks* a gariai lwyth o goed i'r America. Dim ond wedi prin adael y lan yr oedd y bad achub pan ddymchwelwyd ef gan don anferth a thrawodd ei ddau fast wely'r môr a thorri. Yn ffodus fe olchwyd y bad achub i'r lan a llwyddodd criw y llong i lanio ar dir sych ar eu liwt eu hunain, er i'r llong ei hun gael ei difetha'n llwyr.

Rhwng Trwyn y Tâl a'r **Bwlch Glas** gwelir y **Brec** ar drwyn y clogwyn. Ffurfiwyd hwn pan suddwyd ysgraff o'r enw *Mary Foxley* ac yna ei llenwi â choncrid. Yma hefyd mae'r **Brec Bach** sy'n graig dda i bysgota oddi arni. Yn y **Bwlch Glas** mae'r **Ynys Fawr** a'r **Ynys Fach**. Yn wyn gan faw adar, gelwir yr Ynys Fach yn **Graig yr Adar** neu **Ynys Gachu** hefyd. Rhwng y fan yma a'r Eifl awn heibio **Harbwr Wil**, **Ynys Crancod**, **Dan Dŵr Oer** a'r enw mwyaf diramant o'r cyfan i gyd, **Traeth West End**, a hynny yn Nhrefor o bob man! Mae'r **Nant Fawr**, sy'n rhedeg i'r traeth o Lawr Sychnant, yn enghraifft ardderchog o ddyffryn a ffurfiwyd yn ystod Oes yr Iâ. Gerllaw mae Tai West End, hen swyddfeydd cyntaf y chwarel. Yma y trigai Trefor Jones, goruchwyliwr cyntaf y chwarel pan agorwyd hi yn 1850. Hwn oedd y gŵr a roes ei enw i'r pentref ac ef a osododd y garreg sylfaen i dai cyntaf y pentref ym mis Ebrill 1856. O'r tai i gyfeiriad yr Eifl rhed y **Cob**, sef ffordd wastad i'w defnyddio gan y ceffylau a'u wagenni llawn o sets o'r gwaith. Mae'r hanes i'w gael yn yr ysgrif 'Sylfeini' gan Geraint Jones o'r gyfrol *Dinas ar Fryn* a gyhoeddwyd i ddathlu canmlwyddiant Eglwys St George, Trefor.

Nesawn at yr Eifl a'i thri chrib. Gelwir y ddau gopa agosaf i'r môr yn Garnfor a Garn Ganol, a chlywais enwi'r tri yn Farches, y Farchog a Cheiri. Deuwn yn awr at y **Gorllwyn**, llechwedd o fân lwyni. Yma yn **Ffold y Farchas**, neu'r **Hen Ffolt** fel yr adnabyddir ef ar lafar, y dechreuwyd gwneud sets gyda cherrig tir o tua 1840. O hyn y datblygodd y diwydiant yn Nhrefor a dod â Gwaith Mawr Trefor i enwogrwydd byd-eang. Yma mae'r **Cerrig Mawr** a'r **Farches**, sef y graig fawr ar yr Eifl lle'r agorwyd y chwarel gyntaf yn 1850. Roedd hon yng ngwefus y Farches, ond bellach diflannodd y ddwy bonc dan y domen enfawr. Rhwng yr Hen Ffolt a'r Farches mae hafn a grewyd yn 1913 pan gafwyd tirlithriad anferth a achoswyd gan bwysau'r domen, ac aeth y tir i'r môr. Ar derfyn y Cerrig Mawr ar ben draw Traeth West End gellir gweld **Y Rhigol**, lle'r arferid llwytho'r cychod bychain â sets yr Hen Ffolt ar gyfer eu cario i ddŵr dyfnach, lle'r angorai llongau mwy.

Dynodwyd y rhan hon o'r arfordir, gan gynnwys yr Eifl a'i chopaon, yn Safle o Ddiddordeb Gwyddonol Arbennig oherwydd ei phlanhigion a'i hadar. Ceir poblogaeth o frain coesgoch yn nythu ar y creigiau a geifr gwyllt yn crwydro'r llethrau.

Yn ymestyn i'r môr ar yr Eifl mae **Trwyn y Gorlech**, neu'r **Fraich Las** ar lafar. Mae llwybr peryglus yn arwain dros y Fraich Las i Nant Gwrtheyrn, ond yn yr hen oes arferai'r chwarelwyr ei ddefnyddio i fynd a dod o chwareli'r Nant. O ddringo'r inclên i ben y gwaith ar ddiwrnod clir ceir golygfa ryfeddol o arfordir Arfon a Môn. Ar y copa ar y dde mae Tre'r Ceiri gyda'i olion gwerthfawr o'r cyn-oesoedd. O grombil yr Eifl y cloddiwyd cerrig coffa ar gyfer llunio cofebau Llywelyn Ein Llyw Olaf, Hen Ŵr Pencader ac I.D. Hooson.

Roedd y llwybr i lawr i Nant Gwrtheyrn o'r cyfeiriad hwn yn un dieithr i mi cyn imi ei gerdded. Ynghanol y rhedyn roedd un o fychod geifr yr Eifl yn edrych yn ddigon cyfeillgar er gwaethaf ei gyrn hirion llydain. Golygfa enwog bellach yw'r un o **Nant Gwrtheyrn** o ben y clogwyni, gan i'r pentref ddod yn gyrchfan i luoedd a ddaw i weld y newid sydd wedi digwydd yno ac i flasu'r awyrgylch ryfeddol. Disodlwyd y gamffordd droellog gan ffordd darmac hwylus, ond erys hudoliaeth a thawelwch i feddiannu'r dyffryn bychan cysgodol. Os ydych am ymweld â Nant Gwrtheyrn a dod i wybod mwy am y lle, ceir arweiniad gwerthfawr yn yr arweinlyfr *Cylchdaith Nant Gwrtheyrn*.

Yma ym **Mhorth y Nant**, prin yw'r enwau, fel ym mhob traeth tywodlyd neu raeanog sydd â'i elltydd yn bridd a thywod. Mae yma **Gerrig Nant**, sy'n arbennig o dda am granc neu gimwch, ac yn y môr yng nghyffiniau **Traeth Carreg y Llam** cawn y **Garreg Drai** gyffredin. O gwmpas Pen Llŷn ceir amryw byd o Gerrig Trai a ddaw i'r golwg wrth i'r môr dreio. Arferent fod, ac yn wir daliant i fod, yn ddefnyddiol iawn i longwyr gan eu bod yn dangos a oes dyfnder dŵr.

Ar fin y dŵr mae **Carreg John Jams**. Roedd y John Jams hwn yn fab i ŵr a elwid yn Frenin y Nant. Arferai fynd i lanhau twll cimwch oedd ar y garreg hon.

Gelwir y llethrau sy'n ymestyn o bentref Nant Gwrtheyrn, gan gynnwys Carreg y Llam, yn **Allt y Bwlch** ac mae cyfran helaeth ohonynt wedi eu dynodi'n Safleoedd o Ddiddordeb Gwyddonol Arbennig ar bwys y ffaith fod yma goedwig arfordirol agored a honno'n cael ei deifio gan wyntoedd y gorllewin. Mae'n goedwig hynafol iawn sy'n cynnwys derw a bedw ac amryw o goed a phlanhigion o rywogaethau prinnach.

Mae **Carreg y Llam** ei hun yn un o'r safleoedd nythu pwysicaf yng

Nghymru ar gyfer adar y môr, yn arbennig adar o deulu'r carfilod – y gwylog sydd â thros ddwy fil o'i nythod yma, a'r llurs. Cyfrifwyd dros bum cant a hanner o nythod y wylan goesddu yma hefyd a cheir yn ogystal nythod aderyn dyrcin y graig, y fulfran werdd, y bilidowcar a gwylan y penwaig. Daw'r morlo llwyd hefyd at y lan.

Wrth droed Carreg y Llam mae'r **Penrhyn Glas** sy'n lle da i bysgota mecryll, cathod môr, lledod a chŵn môr, a **Phorth Hywel** sy'n beryglus i nofio ynddo oherwydd y cerrynt. Ar ben y dibyn mae'r **Clwt Llwgu** sydd â blewyn blasus iawn ac sy'n atyniad i unrhyw ddafad lwglyd, ond unwaith yr aiff dafad yno nid oes modd iddi ddychwelyd at y praidd, na modd ychwaith i'r bugail ei dal i'w chodi i ddiogelwch gan y byddai wedi rhusio a rhuthro dros y dibyn yn syth. Yr unig ateb yw ei gadael yno i bori'r cyfan. Yn y man bydd yn llwgu ac yn barod iawn i gael ei chodi oddi yno. Difyr hynod yw cerdd J.T. Williams, sef tad y Parchedig Tom Nefyn Williams, a'i moeswers nodweddiadol. Ar ôl y gwymp a'r gobaith yn pallu:

Y funud ymostwng pechadur
Yn brysur ei gymorth a ddaw
Caiff raffau yr hen addewidion
Yn brydlon i ymyl ei law.

Hunanaberth yr hen dywysog Gwrtheyrn pan lamodd o ben y graig yn hytrach na chael ei ladd gan y Saeson ganrifoedd yn ôl a roddodd i Garreg y Llam ei henw.

Fel yn Nhrefor, cloddiwyd ithfaen yn frwd a'i gaboli'n sets o bobtu Nant Gwrtheyrn yn Chwarel Cae'r Nant a Chwarel Carreg y Llam. Ysgrifennodd Ioan Mai Evans a'r hynafgwr hynod Griffith R. Williams lawer am hyn.

Clywais rigwm gan Mrs Bet Williams ym Mhlas Hafan, Nefyn:

Carrag y Llam a'i gwynab llyfn
Traed yn y dŵr yn malio dim,
Golchi'i gwynab â dŵr hallt
Byth yn meddwl g'neud 'i gwallt;
Ar ei phen mae llwybrau dyrys
A hen fwthyn Dafydd Morus.

Ni fu erioed enw i'r bwthyn hwn ar ben Carreg y Llam; fel Lle Dafydd Morus yr adweinid ef.

O Bistyll i Gwmistir

Dywedir mai yn yr ardal yma, ym Mhistyll, yr aeth y *Sapho* ar y creigiau yn 1839. Llwyth o driog o India'r Gorllewin oedd arni a phan oedd yn nosi ar ôl diwrnod stormus iawn, gwan oedd unrhyw obaith o gael dihangfa. Digalonnodd y Capten Wallace a galwodd ei griw ato gan roi dwy sofren bob un iddynt a'u siarsio i'w cadw'n ddiogel yn eu dillad. Pe digwyddai'r gwaethaf, yna byddai arian ar gael i'w claddu. Hynny a ddigwyddodd ac fe'u claddwyd yn Nefyn. Ond y bore canlynol daethpwyd o hyd i fachgen yn cysgu mewn casgen driog ar y traeth, yr unig un a achubwyd.

Wrth adael Carreg y Llam mae **Llech Lydan**, ac yna deuwn i **Borth Pistyll** lle llifa'r pistyll a roddodd ei enw i'r plwyf. Yna ymlaen i gyfeiriad **Trwyn Bodeilias**, y **Traeth** a'r **Doc** lle dociai llongau cario cerrig a gloddid o chwareli Mynydd Nefyn. Mae J. Lloyd Jones yn cyfeirio at **Borth Bodeilias**. Bodeilias, wrth gwrs, oedd cartref y Parchedig Tom Nefyn Williams a chofir amdano yn y pentref heddiw gyda llun o'i wyneb ar dalcen Capel Bethania.

Yn dilyn yr arfordir o Glynnog Fawr yn Arfon i Aberdaron mae Ffordd y Pererinion ac un o'r gorsafoedd ar y daith honno oedd Eglwys Sant Beuno, Pistyll, gyda'i gardd o berlysiau i liniaru cleisiau a doluriau pererinion blinedig. Deil yn dawel gyntefig ei hawyrgylch ac mae ffenestr y gwahanglwyfion yn ein hatgoffa o ddioddefaint yr oes a fu. Deuai llongau hefyd i gario gwenithfaen o Chwarel y Gwylwyr i **Stej y Wern**. Dyma lle y cychwynnodd y diwydiant chwareli ithfaen yn Llŷn er na ddatblygodd yr un o'r prif chwareli. Yn Narlith y Bont (1989) gan Robin Gwyndaf ceir darlun o odyn galch ar **Draeth y Wern**.

Allan yn y môr mae **Golau Gwynus**, un arall o'r mannau ardderchog i bysgota. Os am fynd yno rhaid hwylio allan rhyw bedair milltir nes y gwelir ffermdy Gwynus yn dod i'r golwg yn erbyn yr awyr. Allan ym **Mae Nefyn** ceir lle campus arall i bysgota sef **Yr Ardd**, ac yn *Cymru a'r Môr* (Cyfrol 4), mewn adran sy'n manylu ar bysgota penwaig yma, sonnir am **Y Swangins** y tu allan i **Drwyn Nefyn**. Roedd yma ddŵr dwfn a'r llanw'n rhedeg yn gryf, felly dim ond angor wrth un pen i'r rhwyd oedd ei angen gan y byddai llif y llanw yn ei chadw yn ei llawn hyd a hithau'n 'swingio' wrth yr angor. Mae yma **Olau Garn** hefyd yn ogystal â'r **Wig**.

Er ei hyd, digon prin yw'r enwau ym Mae Nefyn ond mae iddo ei harddwch a'i ramant, ei benwaig a'i longau. Atgoffir ni o englyn milwr Emrys Edwards yn ei 'Awdl Foliant i Gymru':

Mae haul ar dywod melyn
Haf y De lle mae nef dyn.
– A nofiaist ym Mae Nefyn?

Rhaid mynd i gwr gorllewinol Bae Nefyn i ddod o hyd i **Greigiau Bach**, er bod y rheiny bellach bron wedi diflannu o dan y morglawdd concrid newydd. Gerllaw mae **Porth William Edward**, man a fu'n fwrlwm o weithgarwch flynyddoedd yn ôl gyda'r holl adeiladu llongau a physgota penwaig. Yma yr adeiladwyd dros gant ac ugain o longau yn ôl David Thomas yn *Hen Longau Sir Gaernarfon*, a'r olaf ohonynt, y *Venus*, yn 1880. Gelwid y penwaig yn 'biff Nefyn' a thri phennog a welir ar arfbais y dref. Ar y traeth mae tŷ o'r enw Penogfa.

Ceir hanes difyr a manwl am bysgota penwaig yn Nefyn gan Robin Gwyndaf, a digon yma yw eich atgoffa o'r pennill:

Prynwch benwaig o Nefyn,
Ni bu eu bath am dorri newyn,
Prynwch benwaig Nefyn
Newydd ddod o'r môr.

Adeiladwyd morglawdd ym Mae Nefyn yng nghanol y ddeunawfed ganrif lle cafwyd profiad a allai fod yn ddigon dychrynllyd:

Huw Jac Huws a Guto'r Felin,
Hob y deri dando,
Ddaliodd siarc ar **Gamlas Nefyn**,
Hob y deri dando.

Roedd Nefyn yn dref fechan o bwys ganrifoedd yn ôl. Yn wir, yn 1294 roedd yn bwysicach na Phwllheli fel tref bysgota gan fod ganddi 'ddau gwch pysgota, gwerth 20 swllt yr un, a dau gwch llai gwerth 13/4 yr un, a 68 o rwydau, gwerth 2 swllt yr un' yn ôl David Thomas.

Nid dryllio ar y creigiau ond yn hytrach gael eu hadeiladu a wnâi llongau ym Mae Nefyn. Ni wn ond am ddau longddrylliad a ddigwyddodd yma: yn 1843 drylliwyd y sgwner *Pilot*, a'r un fu tynged *Sarah* yn 1910.

'Bron na ellir dweud,' medd David Thomas, 'mai'r parthau hyn (sef ardal Nefyn) oedd prif fagwrfa'r llongwyr.' Roedd popeth yn troi o gwmpas y môr. Byddai disgwyl mawr yn ddyddiol i ryw long neu'i gilydd a'i chriw – yn wŷr a thadau – ddychwelyd ar ôl misoedd oddi cartref. Dringai aelodau'r teuluoedd i ben Twˆr Penybryn i ddisgwyl gweld llong yn nesu, a mawr oedd y diddordeb a ddangosid yn y trysorau o wledydd pell a ddygid i addurno cartrefi. Ar ôl deuddydd neu dri i gartrefu ar dir sych, âi'r capteniaid i Bwll Penrallt i hwylio'r sgwner tri mast a'r llongau eraill a gerfiwyd yn ystod y teithiau.

O ben y Lôn Gam yn Nefyn mae llwybr ardderchog yn arwain i Borth Dinllaen ac yn wir, mae llwybr cyhoeddus yn dilyn pennau'r gelltydd am filltiroedd ymlaen wedyn i gyfeiriad Porth Iago, er nad yw cyflwr y gweddill ohono cystal â'r rhan gyntaf. Pan gerddodd y tri ohonom yr arfordir y Pasg hwnnw, i Borth Dinllaen y cyrhaeddwyd y diwrnod cyntaf.

Ar ochr orllewinol **Penrhyn Nefyn** awn drosodd i **Borth Dinllaen** a deuwn at **Gerrig Gleision**. Allan yn y môr yma mae **Pigyn Siani**, lle da i forio, sef pysgota'r gwaelod wrth angor (angori cwch a physgota gwaelod y môr).

Rhaid aros hyd nes y deuwn i droed y ffordd sy'n arwain i Borth Dinllaen o Forfa Nefyn i gael yr enw nesaf. Yma mae **Bwlch Brudyn**, a **Maen Brudyn** rhyw ddau can llath i'r môr. Ceir dau eglurhad ar y gair brudyn. Daw'r cyntaf gan yr archramantydd, y Parchedig John Daniel (Rhabanian) yn *Archæologia Lleynensis* sy'n dweud mai'r un gair ydyw â Maen Brudyn ym Môn, a hynny'n golygu Maen y Seryddwr. Fe ddywed, yn gywir efallai, na ddaw'r maen i'r wyneb ond ar ddistyll mawr mis Mawrth. Daeth y Brudyn, meddai, yn 'gofnodydd yr amseroedd a newyddiadur yr holl gyffiniau'. Ond Gwyddelig ydyw medd J. Lloyd Jones a chred mai o'r gair Gwyddeleg am eog, *bratan*, y daw. Dywed *Geiriadur Prifysgol Cymru* fod bridin yn air ym Moelfre am wylog. Gallai Brudyn fod yn enw personol hefyd.

Ar ben yr allt yn y Bwlch yn ystod ail hanner y bedwaredd ganrif ar bymtheg bu gwaith brics gyda'i simnai uchel, a chodwyd glanfa ar y traeth ar gyfer y llongau a gariai'r brics oddi yno. Mae llun o'r rhan hon o'r traeth yn un o lyfrau hynod ddiddorol Iona Roberts, *Hen Luniau Edern a Phortinllaen*.

Ceir traeth tywodlyd dymunol ym Mhorth Dinllaen a hwnnw'n plygu fel bwa o Benrhyn Nefyn i **Drwyn Porth Dinllaen**. Does unman â mwy o ramant yn perthyn iddo na'r bae hwn. Bu, fel Nefyn, yn enwog am y llongau a adeiladwyd yno, ond heddiw yr Athro J. Glyn Davies a'i ganeuon i Fflat Huw Puw sy'n dod i'r meddwl yn syth wrth glywed yr enw. Roedd yr Horn, San Ffransisco a Bordô ym mhellafoedd byd o fewn cyrraedd i Borth Dinllaen fel y gwyddai J. Glyn Davies yn dda:

Y llongwyr melyn wrth y craen,
a'i sgwrs rhwng 'sbeidiau;
Daw môr byd mawr i Borthdinllaen
a'i ryfeddodau.

Yma ar y traeth mae tafarn Tŷ Coch lle bu Mrs Jones yn cadw ysgol forwrol tua 1880. Ni ellir cael golygfa gyfoethocach ei chysylltiadau diwylliannol a hanesyddol na'r hyn a geir o ddrws ffrynt Tŷ Coch, nac un harddach chwaith na honno pan fo lliwiau'r machlud yn llifo dros lechweddau'r Eifl ar noson o haf. Neu fel y gwelodd J. Glyn Davies hi sawl tro:

Gweld Carreg Llam yn gwgu'n ddu
fel tŵr gyferbyn,
a'r penrhyn bychan penlas sy'
yn cuddio Nefyn.

> Yn glir ar draws môr glas y bae,
> Y moelydd hwythau,
> hyd at yr Eifl, a'u copâu
> yn codi'n risiau.

Roedd J. Glyn Davies wedi gwirioni ar Borth Dinllaen, Edern a'r ardal. Yn Lerpwl hiraethai am Lŷn:

> Mi flinais ar fwg du y dref
> a'i strydoedd trystiog;
> O am gornchwiglen unig lef
> ar lecyn corsiog.

Ac wedi cyrraedd yma, ymlaciai gyda phob eiliad o'i arhosiad. Rhaid dyfynnu i ddeall y dyheu dwfn a'r gwerthfawrogi synhwyrus:

> Yr oedd Garn Fadryn fel patrwm i'r wlad – yn dawel, ddigyffro, heb yr arwydd lleiaf fod brys wedi bod ar ei chyfyl erioed. Yr oedd rhyw swyn yn y trên nos o Lerpwl; gweld y wawr lwyd, a chlywed Cymraeg lond ceg yn y stesiynau di-nod a di-stŵr rhwng Pen-y-Groes a Phwllheli. Byddai swyn hefyd yn y stemars bach a fyddai yn mynd o'r Trafalgar Dock i Lŷn; y *Rebecca* i Bwllheli a Phorthmadog, a'r *Ibis* a'r *Telephone* i Borthdinllaen ar eu ffordd i Aberdyfi. Un cam o wal y doc ar *rail* y stemar, a dyna chwi yng Nghymru, a phawb yn siarad Cymraeg, ac yn ddifyr eu sgwrs na choeliech chwi byth. Ambell i waith, yn ôl y teithiau, aem heibio i Ben Caergybi, a chael aroglau'r gwair wrth fynd heibio i Fôn. Bryd arall, aem drwy Afon Gnarfon, chwedl yr hen forwyr am Afon Fenai, a chael gweld waliau Castell Caernarfon yn wridgoch tan godiad haul, ac ymhen ychydig drum las Portinllaen a'r tai gwynion a chochion ar y traeth. Byddwn yn mynd hefyd i fae Aberdaron ar y *Countess of Lisburne*, ar ei ffordd i Aberystwyth, neu ar y *Rebecca* ar ei ffordd i Bwllheli, a chwch yn ein disgwyl ar ganol y bae, a mynd i'r cwch i lawr rhaff dros starn y stemar, ac aros i'r cwch ddyfod tan draed, a *let go*.

Gallwn ddyfynnu'r erthygl i gyd gan mor gyfoethog yr atgofion. Daeth J. Glyn Davies i adnabod y llongwyr i gyd a mwynhau'r digri a'r doniol:

> Dyna Ned wedyn – a glasenw rhamantus arno – a gafodd fynd yn fath o gapten ar fath o stemar fechan yr *Agnostic*, a byddai'n mynd â phobl ddieithr o Nefyn am drip yn y bae neu yn Enlli. Ni chawsai fo neb arall. Bychan oedd boiler y stemar, a phan ganai Ned ei chorn, safai'r injian yn stond, a byddai raid aros nes magu stêm unwaith eto, ac ail gychwyn yr injian wrth gydiad yn y piston-rod.

Ond roedd wedi profi'r difri a'r dwys yn ogystal:

Ambell i waith, caech ddeall be oedd toll y môr, wrth aros gyda chwlm o longwyr a chapelwyr yn distaw ddwys ar groesffordd Bryn Cynan, yn disgwyl y cerbyd du o Bwllheli a llongwr o Geidio ynddo, ar ei ffordd adref o Antwerp yn ei arch.

Go brin y byddai fawr o sylfaen i ramant J. Glyn Davies pe bai cefnogwyr y mesur i wneud Porth Dinllaen, ac nid Caergybi, yn brif borthladd i gysylltu ag Iwerddon wedi cael eu ffordd. Ni fyddai'r Cyngor Gwarchod Natur wedi edrych mor ffafriol ar y fan hon chwaith pe bai hynny wedi digwydd. Mae'r traeth a'i glogwyni i gyd, ynghyd â'r ddau benrhyn sydd o bobtu iddo, yn cael eu cefnogi ganddynt erbyn heddiw. Dywedir bod yr amrywiaeth o fywyd gwyllt yn y pyllau creigiog yn arbennig iawn, a dyma'r pwynt mwyaf gogleddol lle tyf rhai algâu. Deallaf fod daeareg yr ardal o gryn ddiddordeb i'r sawl sy'n deall y maes astrus hwnnw!

Ond nid J. Glyn Davies yn unig oedd wedi mopio efo Porth Dinllaen. Medd un prydydd anhysbys:

Ni welais yn Ffrainc
Erioed nac yn Sbaen,
Ddim gwaith mor ardderchog
Â chei Porth Dinllaen;
Mae hwn yn rhagori
Ar weithiau'r holl fyd,
Gobeithio gwna nodded
I longau pob pryd.

Ac fe wnaeth, gan y cysgodai llongau niferus yma. Roeddynt yn gwbl ddiogel rhag bob gwynt, heblaw am yr un a chwythai o'r gogledd-ddwyrain. Ond er hyn i gyd mae'r rhestr o longau a aeth i drybini yma yn lluosog iawn. Er, mae'n ddigon teg dweud mai llongau mewn stormydd oeddynt p'run bynnag.

Roedd porthladd Porth Dinllaen yn un hynod o brysur a mewnforid llu o nwyddau yma. Ar un adeg deuai'r *Tryfan* a'i gwaelod fflat yma i ddadlwytho glo i **Warws Dora**, a enwyd felly am fod *Dora* hefyd yn llong a arferai alw yma yn gyson:

Ffarwél fo i Rebecca, a Dora gwych ei graen,
Fu'n cario am flynyddoedd i leitar Porth Dinllaen.

Dibynnai'r ardal gymaint ar y llongau fel y nodwyd yn Llyfr Log Ysgol Nefyn y bu'n rhaid cau'r ysgol am rai dyddiau am nad oedd dim i dwymo'r ysgol – y llong lo heb gyrraedd.

Allforid nwyddau a gynhyrchid yn lleol hefyd; cynnyrch amaethyddol yn arbennig, fel y 142 o foch a gwerth £600 o fenyn a lwythwyd ar fwrdd y *Monk* ym Mhorth Dinllaen ac a gychwynnodd ar daith i Lerpwl yn 1843, ynghyd â 26 o deithwyr. Oherwydd blerwch rhywun aeth i drybini ar far Caernarfon a boddwyd y moch ac ugain o'r bobl. Achoswyd hyn am fod y llong, a honno'n gollwng dŵr cyn iddi gychwyn ar y fordaith, wedi ei gorlwytho, ac am i'r capten geisio croesi'r bar a hynny ar drai. Cafwyd cerdd alarus o waith Dic Dywyll i gofio'r achlysur trist hwn.

Yn y rhan hon o Draeth Porth Dinllaen mae **Glan Môr Tŷ Coch**, yr **Henborth**, ac yn nes ymlaen **Pen Cei** lle bu unwaith efail gof. Gwelais gerdyn post yn darlunio'r rhan hon o'r bae ac yn ei galw'n **Cim Porth Dinllaen**. Ymhellach ymlaen wedyn ceir gorsaf y bad achub a agorwyd yn 1864. Bu'n fad achub prysur gan wasanaethu ei libart ym Môr Iwerddon yn ffyddlon. Yma mae **Trwyn Llwyd**.

O gwmpas **Pen Penrhyn** mae **Carreg Ychain**, **Carreg Ychad**, **Carreg yr Afr**, **Carreg Chwislen** a'r **Berjan** arni a **Charreg Ddu**. Ar fap dyddiedig 1807, ymhlith dogfennau W.A. Maddocks, gwelir 'Carrag Raver' a 'Carrag Chwistle'! Ceir amryw o dyllau crancod ar Garreg Chwislen ac am y tro cyntaf ar ein taith gwelwn dyllau crancod sydd wedi eu henwi – **Twll Sion a Thwll Terfysg**. Mae'n debyg mai rhyw Sion neu'i gilydd a ddarganfu'r cyntaf, a gellir dychmygu mai hoff loches gan granc i swatio ynddo ar dywydd terfysg yw'r ail dwll. Pwy a ŵyr? Aeth yr eglurhad ar goll yn niwl y gorffennol. Ni wn ai arferiad a ymestynnai o Borth Dinllaen i Ynys Enlli yn unig oedd enwi tylla crancod. Tybed? Allan yn y môr mae **Carreg Drai** arall.

Cyfeiria Rhabanian at ddwy ogof ar y penrhyn, sef **Ogof Dywell** ac **Ogof Bebyll**. Ar lafar heddiw mae yma **Siambar Dywell**, sy'n hoff fan gan forloi. Mae Ogof Bebyll yn dipyn o fwgan i olffwyr Porth Dinllaen gan ei bod yn union fel twmffat ar y cwrs golff, lle gellir gweld y môr yn golchi i mewn i'w gwaelod.

Arfordir creigiog a gawn ni bellach am sbel a hwnnw'n wynebu môr tymhestlog Iwerddon, môr a fu'n hynod o brysur unwaith, a'r creigiau hyn yn angau i lu o longau dros y canrifoedd. Yma cawn **Borth Foriog** neu **Borth Fach**, a thair neu bedair **Borthwen** – **Borthwen Dywod** a **Borthwen Gerrig** yn eu mysg, ac ynddynt **Graig Borthwen**, **Creigiau Duon**, **Craig Fach** a **Chraig Fawr**. Ar hon ceir rhagor o dyllau crancod – **Twll Mawr**, **Twll De**, **Twll Hir**, **Twll Penwaig** a **Thwll Chwith**.

Ar greigiau Borthwen y collwyd y brig Almaenig *Arjon* a'i chriw i gyd mewn storm ffyrnig yn 1863. Ni allai'r gwylwyr ar y lan ond gwylio'r cyfan yn digwydd. Ceir yr hanes yn hynod o fanwl a diddorol gan Iona Roberts yng nghylchgrawn *Cymru a'r Môr*. Daeth dogfennau tair llong i'r lan gyda'i gilydd yr adeg honno, ynghyd â'r trysorau arferol. Rhaid fu i'r Parchedig Griffith Hughes, Edern rybuddio'r saint yn y seiat i beidio â lladrata'r ysbail! Wrth nesu at Aber Geirch awn heibio i **Allt Wen** a **Phwll Ogof** a **Phwll Graig**. Yma mae afon Geirch – a dardd yn Gors Geirch cyn llifo drwy Nant y Gledrydd ac Edern – yn ymarllwys i'r môr. Gerllaw mae **Twll Spaniards** lle daethpwyd o hyd i gorff Sbaenwr a olchwyd i'r lan mewn llongddrylliad, ac yn nes ymlaen mae **Porth Rhos** y Go'. Un o hoff fannau J. Glyn Davies oedd **Aber Geirch**:

At bwll y cefnro'n Abergeirch,
rhu'r môr ar glybod,
a'r tonnau'n hyrddio i mewn fel meirch, –
mil mwy i ddyfod.

Ond tawel iawn oedd bwthyn Sian
cyn mynd yn furddun
Hen Sian a'i hieir, cath, barcud, brân,
holl deulu'r llecyn.

O Aber Geirch y rhedai'r wifren deliffon a gysylltai Iwerddon â gwledydd Prydain. Roedd yn wifren drwchus, tua thair modfedd o drwch a orweddai ar wely'r môr. Gwarchodid hi gan filwyr yn ystod y Rhyfel Byd Cyntaf a'i defnyddio am flynyddoedd lawer wedyn hyd nes y'i disodlwyd gan ddulliau cyfathrebu amgenach.

Gerllaw mae **Ogof Lladron, Graig Wen, Allt Hir** a **Phorth Poli** lle'r aeth llong o'r enw *Polly* ar y creigiau.

O Edern i Dudweiliog ceir nifer o borthladdoedd bychain nad ydynt yn borthladdoedd mewn gwirionedd, a hwythau'n dwyn enwau'r ffermydd sydd â'u tiroedd yn ymestyn i lawr i elltydd serth y môr. **Porth Tŷ Mawr** yw'r agosaf i Borth Poli ac yno y lansiwyd cwch o'r enw *Nancy* a adeiladwyd yn 1767. Doedd dim yn arbennig ynddi fel cwch ond mae'n ddiddorol nodi iddi gael ei hadeiladu gryn bellter o'r môr ac yna ar ôl ei chwblhau fe'i llusgwyd i'r traeth ar dywydd caled i'w lansio. Ar ben hynny roedd y coed a ddefnyddiwyd i'w hadeiladu wedi eu llusgo fesul boncyff efo tri cheffyl o Lannor dros Fynydd Nefyn. Lansiwyd llong o'r traeth nesaf hefyd, **Porth Bryn Gŵydd**, yn 1841. Credir i honno gael ei cholli ar fordaith i Lisbon yn 1866. Meddylier mewn difri' am long fechan a lansiwyd ym Mhorth Bryn Gŵydd yn hwylio'r cannoedd o filltiroedd i lannau Sbaen! Ymhellach ymlaen down at borthladdoedd **Bryn Ogo, Cwmistir** a **Chwmistir Bach**.

Ond nid pwt o arfordir i ruthro ar ei hyd fel yna ydyw hwn; rhaid oedi yma ac acw. Yng nghyffiniau Bryn Ogo ceir **Ffoeslan**, lle gellir glanio'n weddol hwylus, ac o dan dir Cwmistir isaf mae **Ynys Degtwll**, enw awgrymog er na chlywais enwau'r tyllau chwaith. Ond ar **Drwyn Cwmistir** ceir tyllau crancod **Poced Fawr** a **Phoced Fach** a **Thyllau Rhegi**, tyllau cyndyn iawn i ollwng eu crancod, bid siŵr.

I Drwyn Penrhyn Melyn

O dan dir Hirdre Fawr mae Porth a **Chreigiau Rhosgor** (Rhosogor ar fapiau) a ddaeth i enwogrwydd wedi trychineb y *Cyprian*, llongddrylliad ac iddo'r hanes mwyaf gafaelgar o'r cyfan i gyd. Roedd agerlong y *Cyprian* ar daith o Lerpwl i Genoa ym mis Hydref 1881 gyda llwyth o gargo cymysg arni. Gwelais gopïau o bedair baled yn adrodd yr hanes. Hwyliodd y llong i gyfeiriad Môn ac yn ôl Pererin Môn:

> Hwy aethant heibio Amlwch
> A phen Caergybi'n glir,
> Ond yr oedd gwynt gorllewin
> Yn rhuthro tua'r tir.
> Fe ffrwydrodd tiwb yr ager
> A'r llong a gollai'r llyw;
> Pryd hynny roedd pawb ohonynt
> Yn ofni na chaent fyw.

Chwythodd gwynt gorllewinol hi oddi ar ei chwrs ac fe'i gwelwyd gan bobl Nefyn a'r Morfa yn nesu at y lan. O 'Faled Gwron Cwmistir' gan Cynan y daw'r pennill hwn:

> Gyrrwyd y llong fel tegan brau
> O'i chwrs ar greigiau Llŷn,
> Mor ddiymadferth â phetai
> Y gwynt a'r tonnau'n un.

Dyna'r sefyllfa a wynebai griw bad achub Porth Dinllaen pan benderfynwyd fod y storm yn rhy ffyrnig i hyd yn oed y gwŷr dewr hynny fynd allan. Cafwyd cwyn yn erbyn y bad achub am nad aethant allan a chynhaliwyd ymholiad. Yr hyn a drodd y ddadl o blaid y bad achub oedd i ddeg o gapteiniaid lleol dystio fod y tywydd yn rhy arw i'w lansio.

Ond yn ôl at y baledwyr. Yn Rhosgor y daeth y *Cyprian* ar y creigiau a rhaid oedd i'r criw wneud eu gorau i ddianc i ddiogelwch. Pan oedd Capten Strachaan, yr olaf i adael y llong, am fentro oddi ar ei bwrdd,

> canfod wnaeth y Cabden
> fod ganddo *stow-away*.
> Y Cabden wnaeth drugaredd
> Â'r bachgen bach dinam,
> Rhoes dorch y bywyd iddo
> I'w gadw'n fyw i'w fam.

Daeth y bachgen i'r lan yn ddiogel. Boddodd y capten ac aed ag ef a chyrff morwyr eraill i'r *Cefnamwlch Arms* yn Edern ar gyfer eu hadnabod, a rhoddwyd heddwas yno i'w gwarchod rhag gwŷr y wasg. Yn ôl y *Daily*

Post daeth dau gorff i'r lan ym Mryn Ogo Lwyd ac un arall ger Bryn Gŵydd. Beth ddigwyddodd wedyn?

O'r wyth dyn ar hugain gychwynnodd mewn parch
Wyth enaid achubwyd fel gynt yn yr arch.
Yr ugain a drengodd, yn gorwedd maent hwy
Mewn un bedd yn Edeyrn, hen fynwent y plwy'.

Dywedwyd wrthyf mai Dafydd Davies, Caehelyg, Penllech yw awdur y faled y dyfynnwyd y pennill uchod ohoni.

Gosodwyd carreg ym mynwent Edern 'er cof am 19 o forwyr foddodd trwy ddrylliad yr agerlong *Cyprian* ar Benrhyn Cwmistir, 14 Hydref 1881 gan y Cyngor Plwyf yn 1942'. Aed â'r capten i'w gladdu i Lerpwl.

Anrhegwyd y trigolion lleol am eu hymdrechion glew wrth geisio achub criw y *Cyprian* ar greigiau Rhosgor. Cyflwynwyd sofren iddynt hefyd gan sgweiar Nanhoron mewn parti a gynhaliodd iddynt. Gwelais gwdyn bychan a wnaed gartref i gadw'r sofren, a medal a thystysgrif a gyflwynwyd i David Jones o Forfa Nefyn. Dywed Carol Hughes mewn cyflwyniad i draethawd yn *Cymru a'r Môr* (cyfrol 4), mai ei dad ef, Seth Hughes o Benbryn Glas, Nefyn a achubodd y bachgen ac iddo yntau dderbyn yr un gwobrwyon yn union.

Mewn erthygl ar Gapten William Roberts, Yr Ochor, Llanengan yn *Meistri'r Moroedd*, cyfeirir at ei anturiaethau ac fel y suddodd ei long ger yr Azores. Cludwyd ef a'i griw i Lerpwl ar fwrdd yr *Highland Watch*, a deallodd nad oedd prif swyddog y llong honno yn neb llai na *stow-away* y *Cyprian!* Pan laniodd roedd yn amser Eisteddfod Genedlaethol Penbedw ac ymwelodd Capten William Roberts â hi y diwrnod y dyfarnwyd y Gadair Ddu i Hedd Wyn.

Daeth hanes antur y *Cyprian* i glustiau gwraig o Henley-on-Thames ac fe roddodd £800 i Gymdeithas y Bad Achub. Canlyniad hyn fu prynu bad achub a'i leoli yn Nhrefor a chyfeirio ato, fel y dywedwyd eisoes, fel Bad Achub Llanaelhaearn. Galwyd ef *Cyprian*, ond dim ond unwaith y lansiwyd ef.

Nid baledi yn unig a gynhyrchwyd ac a gyhoeddwyd am yr hanes, gan i Gymdeithas y Traethodau Crefyddol gyhoeddi pamffled yn dwyn y teitl *Cabden y Cyprian.*

Mae plymwyr, y môr-ladron cyfoes, wedi bod o gwmpas y *Cyprian* a dywedir iddynt gael eu gweld yn codi cloch fawr y llong o waelod y môr. Credid ei bod wedi diflannu, ond rhyw dair blynedd yn ôl daeth J. Harold Morris o Borthmadog ataf gyda lluniau o gloch y *Cyprian.* Ef, yn ddeifiwr profiadol, a'i cododd o'r môr ac y mae heddiw'n ddiogel ym meddiant un o drigolion Dwyfor.

Yn gynnar ym mis Ionawr 1991 boddodd deg o forwyr pan drodd eu llong yn y môr nid nepell o Dudweiliog. Tancer olew ar daith o Sbaen i Benbedw oedd y *Kimya* ac er iddi lwyddo i wrthsefyll stormydd Bae Gwasgwyn ar ei thaith, bu stormydd Llŷn yn drech na hi. Gwnaed gwaith anhygoel gan griwiau bad achub Porth Dinllaen a Chaergybi yn achub dau, a chafodd criw Llŷn y profiad chwerw o orfod dod â phedwar corff yn ôl efo nhw.

Os dilynwn yr arfordir ymlaen i gyfeiriad Tudweiliog, deuwn at **Bwll Robin** sydd ar ochr y tir i Benrhyn Rhosgor, **Pwll Enbyd, Cerrig Hirion** a'r **Garreg Wen** ac yna'r **Crochan** ac **Ogof Lwnc**. Dywed traddodiad fod **Ogof Lwnc** yn ymestyn o dan hen dŷ Hirdre Fawr ac na ellir mynd iddi ond o'r môr. Rhwng yr ogof a'r tir mawr ceir **Higol Bont** ac yna **Trwyn Hir**. Gerllaw mae **Ogof Mellten** sydd â thwll mawr drwyddi a hwnnw wedi ei losgi gan fellten, medden nhw.

Ger **Higol Sgodyn Mawr**, heb fod ymhell o'r lan, mae tair craig a elwir yn **Gerrig Melynion**, lle, medd rhai, mae twll cranc a ddarganfuwyd gan Geini Huws, Cae Coch ac a ddaeth felly yn **Dwll Geini**. Ym **Mhenrhyn Pant Gwyn** ac ym **Mhorth Pant Gwyn** ceir tyllau crancod **Twll Pen Rhaw, Y Gist** a **Thwll Jecyn**. Roedd Jecyn yn un o Ros Ddu Dinas ac yn gweini ym Mhant Gwyn. Yma mae craig wastad a elwir yn **Llawr Pant** ac ynddi mae **Ogof Wennol**. Yn nes at Dudweiliog eto, ym **Mhorth Mynachdy**, gwelir **Aber Afon Mynachdy** a **Cherrig Llyfnion**. Ymlaen i Borth Big, lle ceir **Hen Ardd** a **Cherrig Big**. Yna daw **Porth Pengallt**, neu **Borth yr Engan Bach**, ac allan yn y môr ar drai gellir gweld **Cerrig Meirch**. Yna i ddiweddu'r hyd hwn o arfordir cawn **Borth Cae Coch**.

Ar ben yr allt uwchben y traeth tywodlyd mae'r ffermdy a roddodd ei enw i **Draeth Tywyn**, ac yn y ffermdy hwn y cynhaliodd Howel Harris seiadau – y gyntaf ohonynt yn gynnar ym mis Chwefror 1741. Ar **Draeth Tywyn** mae craig o'r enw **Yr Ebol** ac arni yr hyn a ddisgrifir gan Myrddin Fardd yn ôl troed ceffyl. Dywed fod hen goel am y graig hon. Pe bai'r môr yn golchi'r tywod oddi ar yr ôl troed byddai'r ŷd y flwyddyn ganlynol yn ddrud iawn, 'ac os gorchuddiai y tywod hi, y byddai popeth y hynod o isel a di-ofyn'. Aeth ymhellach a dweud y 'credyd hyn mor ddiysgog, fel yr arferai un hen ffermwr o'r ardal luchio'r tywod oddi ar y garreg er mwyn i brisiau pethau godi yn eu gwerth'.

Gwelir cysylltiad hefyd rhwng yr ôl troed a'r ymdrech i egluro tarddiad enw Tudweiliog, y pentref cyfagos. Mae Myrddin Fardd eto yn sôn am ddwy stori. Yn ôl un gellid croesi ar gefn ceffyl i Iwerddon ar drai. Wrth ddychwelyd i Dudweiliog i wasanaeth gosper, ar gefn ei geffyl o'r enw Gweiliog, clywodd y person gloch yr eglwys yn galw'r plwyfolion. Ceisiodd ruthro'i geffyl a gweiddi 'Tyrd Weiliog'!

Yn y stori arall mae dyn a'i geffyl yn nofio o Iwerddon i Lŷn, a chan fod y perchennog wedi cyrraedd o flaen ei farch mae'n 'argymhell y ceffyl i ymegnïo am y lan gyda'r gwahoddiad gwresoglawn, "Ty'd Weiliog! Ty'd Weiliog"!'

Ond y gred yw fod ardal Rhos-lan, sydd rhwng Tudweiliog a'r môr, yn bod cyn sefydlu'r pentref, a bod yno eglwys wedi ei lleoli yng nghae

Tywyn, y fan lle mae siop fechan yn awr a lle bu cwt tatws cyn hynny. Rhos y Llan, meddent, oedd yr enw ar yr ardal bryd hynny.

Mewn traethawd o waith Thomas Williams, Aelfryn, Tudweiliog, sonnir am sgwner o'r enw *Weaver* yn dod 'i'r lan i borth a elwir **Nant Engan** yn agos i borth Towyn Tydweiliog' yn 1859, noson y *Royal Charter*. Cyfeirir ato fel 'traeth lled esmwyth'. Drannoeth, yn llaw ei fam, aeth Thomas Williams i'w gweld. 'Ni welais yr un llongddrylliad yn amhoblogaidd,' meddai. Bu arwerthiant ar y llong a bu'n gwasanaethu arfordir Llŷn am ddeugain mlynedd ar ôl ei hatgyweirio. Ar drai daw **Cerrig Delsyg** i'r golwg yn Nglan Môr Tywyn a phrofiad anghyffredin iawn yw cael cyfle i gerdded atynt. Yn ôl y geiriadur, gwymon bwytadwy – y **Fucus palmatus** – yw delsyg ac fe gefais dystiolaeth yn Nhudweiliog y bwyteid ef. Ym Môn ceir Borth Delsyg ym Mhlwyf Llanfwrog, nid nepell o Gaergybi. Dywedwyd hefyd fod gwymon bara lawr yn tyfu ym Mhorth Big.

Wrth ddethol cardiau post o blith y casgliad ardderchog sydd gan Dr Gwenda W. Evans ar gyfer eu cynnwys yn y gyfrol hon, sylwais ar un o **Graig Wyneb,** Tudweiliog. Un o'r llu golygfeydd a dynnwyd gan F.H. May ydyw a dyma'r tro cyntaf i mi weld y llun hwn ac i weld cyfeiriad at yr enw.

Wrth agosáu at y trwyn nesaf sy'n ymestyn i'r môr, **Trwyn Blaen Penrhyn,** awn heibio i **Borth Penrhyn Crydd** a **Thrwyn Penrhyn Crydd**. Dywedir bod hogia Tyddyn Mawr, Penllech wedi mynd â'u cychod o Borth Cychod sydd gerllaw a'u symud i Borth Penrhyn Crydd yn y cyfnod pan ymwelodd Howel Harris â'r ardal, oherwydd rhyw anghydfod efo'r awdurdodau eglwysig. Rhaid fu adeiladu morglawdd i gysgodi'r angorfa ac mae ei ôl yno heddiw – mur o gerrig anferth sy'n ymestyn allan i'r môr. Mae afon Felin, a elwid gynt yn afon Cwyfan, yn llifo heibio Siop Isaf Tudweiliog ac yn mynd i'r môr yn **Aber Afon** rhwng Penrhyn Crydd a **Phorth Sglaig**. Ym Mhorth Sglaig gwelir olion melin o'r hen oes ac yno mae Ffynnon Cwyfan wedi ei sancteiddio i sant eglwys Tudweiliog. Arferid offrymu pinnau yn y ffynnon er mwyn gwella defaid ar groen ac anhwylderau eraill.

Dywedir i long fynd ar y creigiau ym Mhorth Sglaig un mis Hydref, a honno ar ei thaith o Sbaen i Lerpwl gyda llwyth o gnau at y Nadolig. Ym Mhorth Cychod gerllaw yn 1867 aeth y *Vine* i drafferthion ac arni lwyth o gerrig tân, yn falast mae'n debyg.

Deuwn yn awr at **Lety'r Eilchion, Porth Lydan** a **Phenrhyn Copor**. Rhyfeddaf at gyfoeth yr enwau hyn, fel y gwnaf at doreth o enwau lleol, gyda ffurfiau na welir mewn unrhyw eiriadur gan mai'r ffurfiau llafar yw'r unig rai a feddaf i.

Hafan gysgodol yw **Porth Cychod**, yn boblogaidd gyda physgotwyr lleol ac yn wynebu'r gogledd. Oddi yma y cychwynnodd dau ar antur fawr, antur a fyddai'n creu penawdau newyddion trawiadol pe digwyddai heddiw. Cafodd y digwyddiad sylw rai blynyddoedd yn ôl ar y rhaglen 'Almanac' ar y teledu. Mae'n gwbl amhosibl crynhoi yr hyn a ddigwyddodd heb golli cynnwrf y stori a rhamant yr antur, felly gellir darllen yr adroddiad a ymddangosodd yn *Yr Herald* mewn atodiad a welir yng nghefn y gyfrol hon. I grynhoi'r hanes, un bore ym mis Mawrth 1933, cychwynnodd dau allan mewn cwch i osod cewyll, a cholli rhwyf. Fe'u cariwyd allan i'r môr gan y gwynt a'r llanwau a'r diwedd fu iddynt gael eu golchi i'r lan yn Kilkeel yng ngogledd Iwerddon. Gallwch ddychmygu'r holl bryderu a fu yn Nhudweiliog a'r llawenydd pan gafwyd y neges fod yr hogiau'n ddiogel. Tybed beth fyddai eu tynged pe bai'r gwynt wedi chwythu ychydig mwy i'r gorllewin a'u gyrru heibio gogledd Iwerddon.

Ymlaen eto heibio **Blaen Llyw** – penrhyn sy'n gwahanu'r ddwy 'borth' a'i **Dyllau Llyw** – ac i **Borth Caseg, Pwll Du, Carreg Goch** a **Blaen Penrhyn**, sef **Trwyn Porth Ysgaden**. Tua 1860 aeth llong o'r enw *Rebecca*, llong ar daith o Dde Affrica i Lerpwl, ar greigiau Pwll Du ond fe lwyddodd morwyr lleol i'w chael yn ôl i'r môr. Ar Flaen Penrhyn mae tyllau crancod, un ohonynt yw **Twll Blaen Penrhyn**. Unwaith yr awn heibio i'r penrhyn down at ragor o dyllau – **Twll Prysur** a'r **Stôl**, ac yna cyrhaeddwn **Borth Ysgaden**.

Porth Ysgaden yw'r cyntaf o'r porthladdoedd bychain a fu'n brysur yn gwasanaethu ardal wledig Pen Llŷn, ardal brin ei thrafnidiaeth ar dir. Deuai llongau bychain yma rhyw hanner dwsin o weithiau bob blwyddyn yn ystod y bedwaredd ganrif ar bymtheg yn ôl David Thomas. Yn y ganrif flaenorol deuent o Lerpwl a Chaer yn bennaf gan fewnforio nwyddau megis llestri, haearn, lledr, pyg, tar, baco, snisin, te, coffi, gwin, siwgr, orennau ac ati. Deuid â shôp wast yn falast o Iwerddon i'w chwalu ar y caeau fel gwrtaith i'r tir, ynghyd â chanhwyllau gwêr, lliain, a chasgenni gweigion i'r penwaig. Un tro, ym mis Awst 1759, daeth pum dwsin o hetiau ffelt o Gaernarfon i Borth Ysgaden. Deuid â glo yma wrth gwrs ac mae'r ierdydd i'w gweld heddiw. Mewnforid hefyd galch a chodwyd odyn i'w losgi. Arferai gwragedd yr ardal ymgynnull i wau a chadw'n gynnes wrth dân yr odyn. Yn nechrau'r bedwaredd ganrif ar bymtheg, cynnyrch fferm a allforid – nwyddau megis menyn a chaws.

Byddai'r trigolion, wrth gwrs, yn pysgota penwaig yma a dibynnai'r ffermwyr gryn dipyn arnynt i'w hallltu a'u gwerthu. Arferai tenantiaid stad Cefnamwlch dalu'r rhent ddwywaith y flwyddyn, yn nechrau mis Mai a dechrau mis Tachwedd, ond cofia Mrs Mary Thomas, Ty'n Rhos, Rhos-lan fel y byddai'r 'dyddiad yn cael ei daflu yn nes i'r 'Dolig' a hwythau'n cael defnyddio arian y penwaig i dalu'r rhent.

Arferai'r murddun a welir ar ben yr allt ym Mhorth Ysgaden fod unwaith yn gartref i'r diweddar Mr Griffith Griffiths, Brook Hill, Tudweiliog. Roedd ei dad ef yn saer cychod ac fe adeiladai'r cychod ar Drwyn Porth Ysgaden. Ar dywydd garw arferai ei fam grogi cannwyll yn y ffenestr i rybuddio llongau fod creigiau ysgithrog islaw.

I Borth Ysgaden y deuai teulu Cefnamwlch i fwynhau'r haul ac awel y môr yn ystod yr haf. Ar ben yr allt codwyd tair wal i gysgodi'r teulu rhag y gwynt. Cafodd Griffith Griffiths ganiatâd gan y sgweiar i'w troi yn gwt bychan i gadw offer pysgota a'i ddefnyddio fel cwt-glan-môr.

O Borth Ysgaden yr hwyliodd tri mab Tyddyn Mawr, Penllech i bysgota penwaig ond bu trychineb yng nghyffiniau Enlli a boddwyd y tri yn agos i'r lan. Byth er hynny galwyd y fan honno'n Borth y Tri Brawd.

Wrth symud o blwyf Tudweiliog i blwyf Penllech awn heibio **Ogof Ddrws, Gliciad Cŵn, Blaen Menllyn** ac **Ogof Gigfran**. Yn ddiddorol iawn, yn yr union ardal hon sylwais ar nyth cigfran ar graig serth, ac allan yn y môr ehedai dwy wylanwydd a'u hadenydd claerwyn blaenddu yn disgleirio yn yr haul.

Deuwn yn awr at **Borth Gwylan, 'Relan, Pwll Ifan** a'r **Untol**, y tri olaf yn fannau da i bysgota, **Porth Dôl Bengan, Ogof Tan Clawdd, Porth Lydan** ac **Ogof Forlo**. Dywedir bod y môr yn golchi i fyny Ogof Forlo ac y clywid ei sŵn o dan lawr y gegin yn hen dŷ Tyddyn Isaf, er y clywais o ffynhonnell arall mai i fyny Ogof Gigfran y rhuthrai'r môr. Ymlaen wedyn a cheir **Ogof Fari, Cilcin Coch, Ogof Ffynnon, Porth Cesyg, Ogof Brain, Ogof Deg, Ogof Foch** ac **Ogof Twtil Bach** cyn cyrraedd **Porth Ychain**. Yn ei gyfrol *Blas Hir Hel*, cyfeiria fy nhad at Hugh Griffith, Penllech Bach (fferm yn yr ardal hon) yn mynd i greinca i Borth Ychain ac at dwll cranc ar Ogof Deg. Yno ymlafniodd â gwrgranc. Yn sydyn gafaelodd y cranc ym mawd Hugh a gwrthod yn lân â'i ollwng. Roedd y llanw'n dod i mewn yn gyflym a Hugh yn dweud wrth y cranc, 'Duwch, gollwng frawd, ne' mi foddwn ein dau!'

Mae hanes i dair ar ddeg o fuchod Tŷ Mawr Penllech fynd dros yr allt yn Ogof Fari, stori sy'n gwneud i rywun feddwl mai hyn roddodd fod i'r enw Porth Ychain. Hanes difyr arall yw'r un am y llong a gariai lwyth o rým a ddaeth i'r lan rhyw dro, gyda dim ond wats yn tician mewn caban a mochyn byw ar ei bwrdd. Beth achosodd hynny tybed? Dywedir bod y llyfr log wedi ei gwblhau yn daclus y diwrnod cynt. Ceir stori gyffelyb gan Ioan Mai Evans yn narlith Clwb y Bont 1990 pan gyfeiria at long yn dod i'r lan â mochyn du arni a brynwyd wedyn gan hwsmon Cefnamwlch.

Yng nghyffiniau Porth Ychain ceir nifer o dyllau crancod – **Twll Llaw Chwith Isaf** a **Thwll Llaw Chwith Uchaf, Crochan, Gwymonog, Twll Dan Garreg, Ebol Garreg Goch, Twll Garreg Goch, Cefnan Sian** a **Thwll Gogledd**. Yna awn heibio **Trwyn Agosaf Allan, Ogof Fach Tŷ Mawr, Moriel Mawr, Ogof Las, Porth Defaid, Trwyn Gogledd** ac yna **Drwyn Penrhyn Melyn**.

O Draeth Penllech i Borth Tŷ Mawr

Mae'n amhosibl i mi fynd ymhellach ar y daith heb gyfeirio at *Blas Hir Hel*, llyfr a ysgrifennodd fy nhad, Griffith Griffiths, rai blynyddoedd cyn iddo farw. Fe dreuliodd fisoedd lawer yn crynhoi atgofion, yn sgwrsio efo hwn a'r llall ac yn ysgrifennu ac ailgopïo. Ond fe fu'r cyfan yn bleser pur iddo, gan iddo gael rhoi ar gof a chadw ddarlun llawn o hanes ardal yr oedd yn meddwl y byd ohoni ac un a fu'n byw ynddi bron yn ddi-dor am yn agos i bedwar ugain mlynedd. Ni fu erioed yn ddyn môr, ac eto fe adwaenai'r arfordir o Drwyn Penrhyn Melyn i Borth Tŷ Mawr cystal â neb. Gwyddai am bob craig a chilfach ac yr oedd yn greincwr gyda'r medrusaf. Mae dwy bennod yn ei gyfrol sy'n ymdrin yn fanwl â'r arfordir hwn: 'Cilfachau ac Ogofâu' a 'Dal Crancod' ac nid oes obaith gennyf wella arnynt. Maent yn bictiwr o sut y llwyddodd un genhedlaeth i drosglwyddo rhuddin a diwylliant bro i'r genhedlaeth a'i dilynodd.

D'wedai hen ŵr llwyd o'r gornel,
Gan fy nhad mi gefais chwedel,
A chan ei dad y clywsai yntau,
Ac ar ei ôl mi gofiais innau.

Er mawr gywilydd i mi, prin yw fy ngwybodaeth am leoliad y tyllau crancod er i mi fod ar y creigiau efo fy nhad ugeiniau o weithiau. Ar un o'r adegau hynny y cyflwynwyd i mi englyn am y tro cyntaf, mae'n debyg, a minnau'n gorfod ei ddysgu. Englyn Owain Lleyn i'r 'Cranc' oedd o:

Crafaglach cryf ei heglau – o'i amgylch
 Mae ymgyrch y tonnau;
O tan gêl mewn cisten gau,
Gyw mantellawg mewn tyllau.

O'r naw cant a rhagor o enwau a gesglais o gwmpas Dwyfor, mae cant ohonynt i'w cael yn y pwt byr hwn o arfordir ym mhlwyf Llangwnnadl, ac o'r rhain mae eu hanner yn enwau ar dyllau crancod o Borth Colmon i Borth Tŷ Mawr, sy'n gwta filltir. Rwyf wedi ceisio casglu'r enwau mor drylwyr â phosibl, gan roi sylw yr un mor fanwl i bob ardal, ond mae'n ddirgelwch i mi pam mae cymaint o enwau i'w cael yma. Oes yna fwy o dyllau crancod yma nag yn unman arall? Os gwir hyn, ai natur y graig neu'r môr sy'n gyfrifol? Pam mae trigolion yr ardal hon mor hoff o'u bedyddio? A fu perthynas glosach rhwng pobl yr ardal hon a'r môr na thrigolion ardaloedd eraill? Man arall cyffelyb yw Ynys Enlli, lle'r enwyd bron bob craig a thwll cranc. Sylweddolwn fod pobl Enlli ynghlwm wrth y môr ac yn dibynnu'n helaeth ar bysgod ac ar yr hyn oedd gan y creigiau i'w cynnig iddynt. Tybed oedd yr un peth yn wir i raddau am Langwnnadl? Gwyddom fod Porth Golmon, fel amryw o'r mân borthladdoedd, yn hynod o brysur a'r trigolion yn fwy dibynnol ar y môr nag ar y tir am gludiant. Neu a ddiogelwyd yr enwau yn yr ardal hon am ryw reswm gwahanol tra'u collwyd hwy mewn mannau eraill? Arferwn weld Trwyn Penrhyn Melyn yn eglur o ddrws fy nghartref ers talwm, a hwnnw'n dangos yn glir ai trai ynteu llanw oedd hi, a thu hwnt i hwnnw wedi iddi dywyllu fflachiai goleudy Ynys Lawd yn rheolaidd unwaith bob deg eiliad. Y trwyn hwn yw eithaf gogleddol **Traeth Penllech**, traeth sydd hefyd yn cynnig amrywiaeth o dywod a chreigiau. Allan yn y môr mae **Gwely Oistars** a rhaid hwylio allan o Benrhyn Melyn nes gwelir dau gorn simnai Tyddyn Belyn, Penllech i ganlyn tŵr eglwys Tudweiliog er mwyn ei gyrraedd. Yn ôl ar y lan mae **Bach Penrhyn** ym mhlygiad y trwyn, a'r **Adwyon, Porth Sion Dafydd** – a enwyd ar ôl gŵr a drigai ym Mhenrhyn Melyn, tyddyn ar ben yr allt, y **Popty Du** – twll yn y graig, a'r **Bont Bridd** lle bûm yn cario llwythi o gerrig cau efo fy nhad. Yn nesaf mae **Porth Tŷ Mawr**, sef Tŷ Mawr Penllech – nid yr un enwocach y deuwn ato yn nes ymlaen, ac yno ceir **Ogof Morlo, Ogof Ffynnon** a **Tŷ Nain**. Yng **Ngherrig Duon Traeth Berth Aur** mae **Ogof Huw Sion Fychan**. Lawer gwaith yr wyf wedi ceisio dyfalu pwy oedd yr Huw Sion Fychan hwn, a pham mae twll ebill yn yr ogof. Nid oes unman gwell i guddio ynddo na'r ogof gron hon a'i cheg sydd ychydig i fyny ar y graig yn mesur rhyw ddeunaw modfedd ar draws. Gerllaw mae **Nant Cwch** a **Cheg Afon Fawr** – yr afon sy'n llifo o Ros Bodbadrig ar lethrau Mynydd Cefnamwlch. Daw cangen ohoni o Ros Cabli a thrwy Ros Cefn Gwyn yn ardal Hebron gan uno ger Siop y Bont. Llifa drwy'r Allt Goed, heibio i Eglwys Sant Gwynhoedl lle câi'r seintiau orffwyso yng Nghae'r Eisteddfa gerllaw ar eu ffordd i Enlli, trwy Barc Nant, heibio i Fryn Bodfan a Bryn Geinach ac i Draeth Penllech. Yn y fan hon y boddodd Bodfan Annwyl, y pregethwr a'r geiriadurwr, ac yma yr âi J.G. Williams, awdur *Pigau'r Sêr*, am dro efo'i Nain. Yma, fel y llifa'r afon i'r traeth a llithro'n fympwyol i'r môr, y mae **Pwll Diwaelod a Phwll Gerwin**, ac yn ei ymyl **Benrhyn Blawd** sy'n drwyn tywodlyd i wahanu Traeth Berth Aur oddi wrth **Draeth Penllech**. Yma mae **Creigiau'r Odyn** – er na chlywais fod odyn wedi bod yma, a **Thraeth Bodychenan** a **Thraeth Moel y Berth**. Daw **Cerrig Drewi** i'r golwg ar drai mawr ac ynddynt mae dau dwll cimwch. Gellir dod i lawr i'r traeth hwn ar hyd llwybr sy'n dilyn ffrwd fechan **Abermaenog**. Ar y chwith i gyfeiriad Porth Golmon gwelwch graig fawr. Dyma'r **Garreg Felen** ac yn agos iddi mae **Higol y Traeth** a'r **Gist** sy'n lle ardderchog am gregyn. Yn y creigiau hyn mae **Twll Golau Dwyrain** a'r **Ffynnon** ac yng nghyffiniau **Porth Bach** mae dau dwll cranc arall, **Twll Meudwy** ac **Ynys Cae Maen**. Rhwng y fan yma a Phorth Golmon mae **Trwyn Cae Maen** sydd wedi ei enwi felly am fod Cae Maen ar ben yr allt.

Dyma ni yn awr ym Mhorth Golmon, un o'r porthladdoedd mwyaf dymunol yn yr holl wlad, gyda ffordd gar yn arwain i lawr ato oddi wrth Gapel Pen-y-graig. Wrth ymyl y capel hwn yn y flwyddyn 1825 y cynhaliwyd cyfarfod gweddi gyda dros hanner cant o drigolion yr ardal cyn iddynt ymfudo i'r Amerig. 'Gyda theimladau mwyaf drylliog' rhoddwyd emyn i'w chanu:

Ffarwel, gyfeillion annwyl iawn,
Tros ennyd fechan ymadawn;
Henffych i'r dydd cawn eto gwrdd
Yn Salem lân oddeutu'r bwrdd.

Tybed ai llong o Borth Golmon neu o Borth Dinllaen a gawsant i fynd â hwy i Lerpwl i gychwyn ar eu taith i'r Amerig? Mae capel Pen-y-graig yn nhalaith Efrog Newydd.

Mae llawer i hanner cant wedi ymfudo o Langwnnadl ers hynny – a minnau yn eu plith. Dim cyfarfod gweddi, dim ond sleifio oddi yno a'r ardal bellach yn drwch o dai haf ac yn hafan i fewnfudwyr. Profiad chwithig iawn a gaiff Gruffudd Parry, yn ôl yr hyn a ddywed yn ei gyfrol *Yn ôl i Lŷn ac Eifionydd:*

> Yn gymharol ddiweddar gellid galw yn y rhelyw o'r tai o Fronheulog yn Llangwnnadl hyd at lan-y-môr ym Mhorth Golmon, a chael ym mhob un ohonynt berthynas neu gydnabod cynefin a fyddai'n taro'r tecell ar y tân ac yn estyn jam cwsberis a bara brith. Ond ym mhob un o'r dwsin neu ragor o'r tai hynny mae dynion na'm hadwaenant.

Yn y pumdegau bu bron i ni golli Porth Golmon am byth, ond diolch i frwydro ystyfnig, gorchfygwyd Sais trahaus oedd am rwystro pawb rhag dod i lawr i'r Borth.

Daliwyd pedwar yma un tro am brynu halen a hwnnw wedi ei smyglo. Fe'u herlidiwyd ac am na allent dalu dirwyon o gannoedd o bunnoedd fe'u lluchiwyd i garchar Caernarfon. Gwnaed apêl ar iddynt gael eu rhyddhau gan fod eu teuluoedd yn hynod o dlawd. Gwrthodwyd yr apêl ac felly apeliwyd eto ymhen blwyddyn. Aeth Swyddog Tolldy Caernarfon i'w gweld ond dim ond tri oedd yno bellach. Roedd un ohonynt, William Williams, wedi teneuo gymaint nes iddo allu dianc rhwng bariau'r ffenestri. Llwyddodd i gyrraedd ei gartref, Cae'r Efail yn ardal Hebron, a chuddiodd ei fam ef yn y fuddai. Pan aeth y perygl heibio hwyliodd i Lerpwl, gan wisgo dillad merch, ac ymfudodd i ddiogelwch America.

Mewnforid glo, calch a llwch esgyrn i Borth Golmon – mae odyn gerllaw – a rhaid felly oedd cael peilot i ddod â'r llongau i mewn yn ddiogel. Wil Llainfatw wnâi'r gwaith hwnnw. Ymhlith y llongau a ddeuai yma roedd y *Colonel Gamble* a aeth yn ddryllia ar y creigiau, a chofiaf weld gweddill y llyw mewn hafn yng **Ngheg Borth**. Mewn erthygl yn *Y Genhinen* sonia Syr Thomas Parry am y *Tryfan* a'r *Colonel Gamble* yn dod â nwyddau yma, a'r prysurdeb yn cynyddu am fod Cymdeithas Gydweithredol wedi ei sefydlu yn yr ardal. Bu gan hen daid i mi ddwy long, y *Conway's Pride* a'r *Pennington*, yn cario nwyddau yma ac i'r porthladdoedd cyfagos. Âi â'i deulu gydag ef ar deithiau a boddwyd ei fab, John, yn nociau Lerpwl pan syrthiodd oddi ar fwrdd y llong. Deuai troliau i lawr yn un rhes i **Wastad Porth Golmon** i gario glo oddi ar y llongau. Yn nes ymlaen dyfeisiwyd patant i ddadlwytho'r glo, sef weiar-rôp a thwb i'w lympio ar dir sych. Y tu cefn i'r odyn galch roedd *winch* a yrrid gan beiriant stêm a brynwyd o waith y Rhiw i halio'r twb. Cedwid y rhain mewn cwt a wnaed o goed y *Colonel Gamble* a ddrylliwyd ar y creigiau wrth geisio dod i mewn i'r Borth yn rhy ddiweddar un mis Hydref yn nechrau'r ugeinfed ganrif.

Sonnir o hyd am y glo a fewnforid i Lŷn drwy'r porthladdoedd bychain, ond gallai pethau fod wedi datblygu'n dra gwahanol pe bai menter ddieithr, ddieithr iawn i'r ardal hon, wedi dwyn ffrwyth. Bu cloddio glo ar dir Brynhunog Fawr yn ardal Hebron yn 1837 ac yn Rhos Cabli yn 1844. Rhyfedd meddwl y gallai Porth Golmon fod wedi datblygu yn fan i allforio glo ohono. Fe sylwch fod enw'r cwmni ar y dystysgrif (t.116) yn Saesneg, ond yr iaith weithredol oedd y Gymraeg. Dichon mai cwbl groes i hynny fyddai pethau bellach, yr enw yn Gymraeg, yn fras ac amlwg, ond y Saesneg yn iaith weithredol.

Yn haf 1771 aeth llong fechan ac arni griw o dri oddi yma i Filffwrdd i nôl cwlwm ar gyfer llosgi calch. Bu trychineb yn agos i Enlli a boddwyd y tri. Hyn a ysbrydolodd John Steffan, teiliwr a thorrwr beddau eglwys y Rhiw, i ysgrifennu'r alargan 'Cân Porth Colmon' ar fesur 'Gwêl yr adeilad', mesur sy'n ymddangos i mi yn un dieithr. Fel hyn y dechreua:

Dewch bawb i gydymdeimlo,
Dan ganu mi rwy'n cwyno,
Mae gennyf achos
Am dri o fechgyn cryno
Oedd heinyf, sydd yn huno
yn ôl eu heinioes.
Roedd dau'n wyryfon clysion clau
A'r llall yn weddol ŵr priodol
Yn byw'n gytunol, pur unol yn parhau
Wrth feddwl am ei briod, trwm hynod
Rwy'n trymhau.

Wrth inni droi ein cefnau ar Borth Golmon mae tyllau crancod, rhai fel **Twll Ci** a **Twll Siani Borth**, a enwyd gan Jams Siop – James Griffith, Siop Pen-y-graig, brawd i Feddyg y Ddafad Wyllt. Ar **Garreg Naid** mae dau dwll, a phump ar **Drwyn Hir**.

Wrth droed yr allt ceir gwelyau o ro mân mewn hafnau rhwng y creigiau duon a chasgliad rhyfeddol o gregyn lliwgar. Treuliais oriau yno yn chwilio am y gwichyn pen bolyn prin, ac ar ôl cael un, teimlo fy mod wedi cael trysor.

Creigiau mawr dymunol i eistedd arnynt yw **Cerrig Defaid**, naill ai i wylio'r haul yn machlud neu i wylio cychod yn dychwelyd wedi bod yn codi cewyll o **Glawdd Teid**, pwll pysgota o bymtheg gwryd. I fynd allan ato rhaid hwylio o **Borth Lydan**, sydd gerllaw Cerrig Defaid, hyd nes y gwelir to Moel y Berth trwy adwy ar ben gallt Glan y Môr. Lle ardderchog meddai John Pierce Thomas, Moel y Berth, am gorgimychiaid.

Yn yr un ardal mae **Pwll Golau Rhent**, lle da am wrachod, ac os ydych am ei gyrraedd rhaid hwylio allan o Geg Borth nes y gwelir ffermdy Rhent yn y golau – hynny yw, yn erbyn yr awyr.

Ym Mhorth Lydan ceir **Tyllau Spaniards**, ac i fod yn rhyng-genedlaethol mae yma hefyd **Dyllau Rhufeiniaid**. Gerllaw mae'r **Cyfrwy**, neu'r **Strodur** fel y'i hadwaenir gan eraill, y ddau fel ei gilydd, yn ddigon diddorol, yn enwau ar gêr ar gefn ceffyl.

Un arall i'w hychwanegu at y rhestr hir o longau a gollwyd ar yr arfordir creigiog yw'r *Villa*. Yn ôl y stori, llong Sbaenaidd a gariai lo o Lerpwl i Havre oedd hi. Mae'n siŵr fod cysylltiad rhwng y digwyddiad hwn ac enwi'r twll cranc yn Dwll Spaniards. Ni chlywais fod Rhufeiniad wedi glanio yma chwaith! Ar noson y *Royal Charter* yn 1856 yr aeth y *Villa* ar y creigiau ym Mhorth Golmon a boddwyd un o'r criw. Roedd Thomas Williams, Aelfryn, Tudweiliog yn blentyn pan ddigwyddodd hyn ac ymwelodd â'r ardal drannoeth:

> Ni fentren ni y plant fyned yn agos ati am fod y criw oedd arni yn ryw hanner anwariaid, ac yn cario wrth y strap oedd am eu canol gledd mewn gwain.

Aed ati i gladdu'r aelod marw o'r criw ym mynwent Llangwnnadl, ond trwy ryw amryfusedd roedd y bedd yn rhy fyr. Neidiodd un o'r criw i'r bedd ar ben y corff i ofalu ei fod yn mynd i lawr yn iawn. Roedd person y plwyf, wrth lwc, yn ŵr cyhyrog ac fe'i cododd allan.

Llong arall a aeth i drafferthion yma oedd y *William* yn 1891, er y dywedir yn *Pigau'r Sêr* mai ym Mhorth Tŷ Mawr y drylliwyd honno a bod llechi o'r cargo i'w cael yno o hyd.

Ymlaen o Borth Lydan a deuwn i Ffoesnant lle ceir **Twll Teiliwr**, **Tyllau Cryddion**, **Rwth**, **Ffynnon** a **Safn Rwth** a dyna gyrraedd **Drwyn Cam** – lle ardderchog i bysgota gwrachod oddi ar y graig. O gwmpas **Tan y Mwnwgl** cawn **Dwll Gwastad**, **Twll yr Ynys Fach** a **Thwll yr Ynys Fawr**. Cawn hefyd **Dwll Sgwl**, **Twll Sais**, **Twll Rhegwr** – gan fod rhegi ychydig yn help i gael y cranc allan, **Tal Meini a Swnd Robat**. Rhaid neidio drosodd i'r **Ebol** gyda'i thri thwll, a dau granc ym mhob un ohonynt yn ddieithriad. Gerllaw mae tyllau **Belan, Twll Step, Cwpwrdd, Twll Carreg Crydd** a **Thwll Bodia**. Lle da i bysgota yw **Pwll Jac Bach** ac yn nes ymlaen eto mae **Borthwen Bach** a **Phorth Robat** lle darganfuwyd Mari Pen-yr-orsedd yn orffwyll yn y creigiau. Canlyniad hyn fu galw'r pwll yma yn **Bwll Mari Pen'rorsadd** a thwll cranc yn **Dwll Mari**. Ar y

Cerrig Gleision ceir **Twll Isel** a **Thwll Cerrig Gleision**. Wedyn deuir i **Borth Baco**.

Ym Mhorth Baco yn 1814 yr aeth y *Dunchoo*, neu'r *Dunahoo*, ar y creigiau a chollwyd rhai o'r criw. Claddwyd y capten ar ben gallt y môr a dywedir i un o'r morwyr neidio ar ei fedd wrth fynd heibio a dweud, 'Nid am dy ddaioni yr wyt ti'n gorwedd yn y fan yma'. Galwyd y fan yn **Borth Dunahoo**, neu hyd yn oed yn **Borth Hwnahw** ar lafar. Ymddangosodd felly mewn casgliad o eiddo Thomas Griffith, Erw Newydd (Gerallt, Tudweiliog) mewn cystadleuaeth yng Nghymdeithas Lenyddol Capel Pen-y-graig, yn dwyn y teitl 'Enwau porthladdoedd, cilfachau, ogofâu, a thrwynau o Borthferin i Benrhyn Melyn'. Ychwanegodd ei frawd John Pryde (a gafodd ei ail enw oddi wrth long ei hen daid) lawer iawn o enwau at fy rhestr yn yr ardal hon. Cawn gyfeirio at gerddi eu tad, Meudwy'r Encil, yn y man. Ac wrth gwrs, mae yna **Dwll Dunahoo** ym Mhorth Dunahoo hefyd!

Yn **Stôl William Sion** ceir nifer o dyllau eto, **Twll Allan** – rhaid cael trai mawr i fynd iddo, **Twll Potal** – am fod iddo siâp gwddf potel, **Twll William Sion** a **Thwll Stôl**, **Twll Step** – am fod yn rhaid neidio ar step i fynd yno, a **Thwll Naid**. Rhaid neidio wedyn i'r **Bengron** os am fynd i **Dwll Garddwrn** a **Thwll y Bengron** ac yn ymyl mae **Pwll y Garreg Goch** a'i dwll cranc.

Allan yn y môr oddi yma mae **Adwy Gyfelan Bach**, lle da iawn am wrachod. Dylid gallu gweld Gyfelan Bach trwy adwy ar ben yr allt.

Rwy'n siŵr y byddai creinca ym **Maen Aberdywyll** yn nefoedd i greincwr, gyda'i **Dyllau Cŵn**, **Twll Angor**, **Twll Dwbwl**, **Twll Blaen Stôl**, **Twll Ifan**, **Twll Gesail**, **Twll Garreg Fach** a **Thwll Garreg Fawr**. Dyma yn awr gyrraedd terfyn tir fferm Porth Golmon ac yma mae **Clawdd yr Adar** ac **Ogof Hyll**. Yna dyma ni ym **Mhorth Tŷ Llwyd** gyda ffordd drol o ryw hen oes yn mynd i lawr iddi a lle ceir **Porth Carreg Wastad**, **Ogof Pwll Cŵn** a'r **Cwpwrdd**.

> Ychydig ymlaen eto mae **Ogof Mair Lewis**. Dywedir bod yr ogof hon yn ymestyn at **Dŷ Hen**, sef cartref Mari Lewis, a bod yr ogof yn union o dan garreg yr aelwyn yno. Wn i ddim pa stori sydd ynglŷn â hyn; ond mae'n hawdd dychmygu un. Yma daw'r haen o **Gerrig Melyn** i'r golwg, yr haen sy'n rhedeg, fel y tybir, o'r Garreg Felen ar Draeth Moel y Berth. Pan oeddem yn blant ceisiem ddal cwningod yn y fan hon – roeddent yn bla y pryd hynny – ond ofer oedd ein hymdrech gan fod cymaint o le iddynt lechu rhwng y creigiau.
>
> (*Blas Hir Hel*)

Soniais yn gynharach am Feudwy'r Encil, a enwyd ar ôl Huw'r Erw, brawd fy nhad a luniodd amryw o gerddi troeon trwstan yr ardal. Yn 1927 daeth casgen borter i'r lan a rhaid oedd canu i'r digwyddiad:

O fy awen deffro eto
Wedi cysgu amser maith,
Dyro dro drwy'r hen ardaloedd
Dwed dy neges ar dy daith.
Hanes casgen lawn o Borter
Made in Dublin, Ynys Werdd
Dyna yw fy nhestun heno
Deffro awen, odla gerdd.

Wrth chwilio am froc môr gwelodd Evan Hughes, Bryn, rywbeth yn y môr:

Trodd yn ôl ac i Borth Wisgi,
Aeth ymlaen am Borth Tŷ Llwyd,
Gwelodd yno gasgen Borter
Oedd yn ddiod ac yn fwyd;
Evan Hughes, hen gymrawd gonest
Nid oedd twyll o dan ei fron,
Gwelodd nad oedd dim yn decach
Na reportio'r gasgen hon.

Dyna wnaeth a chafodd y cyfrifoldeb o gadw golwg arni gan Mr Doyle, gwyliwr y glannau. Ond gellwch fentro, fe'i tapiwyd a'i gwagio:

Nid oedd gwagio'r casg yn ddigon
Gan y gwalch dieflig ffôl,
Beth feddyliech wnaeth y cena
Ond taflu'r casg yn ôl i'r môr.

Wrth lwc, golchwyd hi yn ôl i'r lan a chariodd Evan Hughes hi i ddiogelwch, er ei bod yn wag, a threfnu i'w chludo i Bwllheli:

Yn y drol hyd at Tirgwenith
Awd â'r casg yn rhwydd i'r lle,
Cafodd yntau John y cyfle
'Fynd â'r casg yn wag i'r dre;
Dwedai John, mae'n wir y cawsai
Fwy am gario casgen wag,
Nag a gawsai Evan druan
Am fethu â'i chadw'n llawn o frag!

Yn y porth nesaf, sef **Porth Tŷ Mawr**, yr aeth y *Stuart* i helbulon. Mae'r hanes hwn hefyd wedi ei groniclo yn y gyfres deledu 'Almanac'. Yr hyn sy'n tynnu'r holl sylw at y llongddrylliad hwn yw mai wisgi oedd cyfran go dda o'r cargo. Canlyniad hyn fu rhoi enw newydd i'r lle, sef **Porth Wisgi**. Mae'n debyg y bu cryn ysbeilio yma, a'r pictiwr a gawn yw fod pawb, o'r byd a'r betws, am y gorau un ai yn casglu'r poteli neu yn yfed cymaint ag oedd modd. Nid oes amheuaeth na fu 1901 yn dipyn o flwyddyn yn y fro a mynegwyd cryn bryder yng Nghyfarfod Ysgol Dosbarth Pen Llŷn. Gosodwyd y testun 'Ysgrif fer ar gychwyniad, a drylliad y llong *Stuart* ar greigiau Porth Tŷ Mawr, Llŷn' yng Nghymdeithas Lenyddol Pen-y-graig yn 1925 a gwelir y pryder am safonau moesol y trigolion yn parhau chwarter canrif yn ddiweddarach. Disgrifia'r buddugol, J.O. Roberts, Tŷ Mawr Penllech mewn sobrwydd y sefyllfa a dyfynnaf ef heb ddiweddaru'r orgraff:

> Yr oedd 'staen' y gwaed ar y wefus, yn profi nad oedd gan ambell un ddim at dynnu corcyn or botel, felly nid oedd dim iw wneud ond taro ei gwddf yn y graig, ac arllwys yr hylif poeth ir cylla heb gofio am y gwydr miniog! mewn lle ychydig or neulltu yr oedd 'cask', ac wedi taro ei dalcen i mewn, canfuwyd yn ebrwydd pa beth oedd ei gynwysiad – 'wisgi'! 'angen yw mam dyfais' medd hen air, – wele un yn tynu ei esgid ac yn ei yfed o hono fel or 'glas' gore allan un arall gyda'i flwch myglus, etc. pawb yn hwyluso y gwaith o'i wagio. Gerllaw yr oedd ffrwd fechan-loyw-ber fel grisial, yn sisial rhwng y cerrig; ac yn llifo dros y bistylloedd bychain dros y creigiau i lawr tua'r môr, a'i llwybr mor laned a'r awyr ond yr oedd yn well gan ddyn serio ei gylla, pylu ei ymenydd, haearneiddio ei gydwybod, a hyrddio ei enaid i ddinistr bythol guda hylif y 'cask', yn hytrach na manteisio ar ddiod Duw, – dŵr. O ynfydrwydd – a pha hyd?

Bu'r baledwyr yn brysur hefyd, a phan osodwyd y digwyddiad hwn yn destun yn Eisteddfod y Rhos yn 1902, John Owen, Brychdir ddaeth yn fuddugol. Dechreua yn lliwgar a chynhyrfus:

> Y niwl orweddai fel hunllef breuddwydiol
> Dros wyneb y weilgi aflonydd yn awr,
> Tra'r *Stuard* a deithiai ymlaen yn ddireol
> Nes taro'n ddirybudd ar draethell Tŷ Mawr.
> Y dwylaw fel gwilliaid i'r badau a ffoisant
> Gan rwyfo'n gynhyrfus i ganol yr aig,
> Gan bryder a thristwch rhag ofn y gallasant
> Gael bedd yn yr eigion yn ymyl yr aig.

Prydera John Owen am gyflwr moesol y trigolion gan ddisgrifio'r ysbeilio a'r cyfeddach, a phoena gryn dipyn am eu dyfodol:

> Fe erys yr hanes fel cwmwl i hofran
> Yn awyr adgofion trigolion Pen Lleyn;
> I lawer roedd pleser yn llanw y cyfan
> A mantais dwyllodrus 'n cyd-drigo'n gytûn.
> Ond yno gonestrwydd a gollodd ei goron
> A sobrwydd anghofiwyd yn llwyr gan y llu,
> A pharch roed i huno yn nhir ebargofiant
> Ac ar ei fedd wyla rhinweddau mewn du.

Yng nghasgliad Gwilym y Rhos (Wil Crydd), trwy ganiatâd Cyril Jones
Evans, y deuais o hyd i'r gerdd ac yn agos iddi ceir cerdd ar yr un testun
o waith y casglwr ei hun. Mae'n siŵr ei fod ef wedi cystadlu; roedd yn
bwriadu gwneud beth bynnag gan ei fod wedi ysgrifennu 'diwedd y
cynyg cyntaf' oddi tani. Mae ef yn dechrau yn ddigon tebyg i John Owen:

> Aeth llestr fawreddog o Lerpwl
> I drwbwl os coeliwch yn awr,
> Yn raddol fe'i gwnaethpwyd yn 'sgyrion
> Ar greigiau melynion Tymawr;
> Barck hardd ydoedd *Steward*, rhaid cyfarch
> Yn edrych fel 'alarch' ar lyn,
> Ond creigiau Llangwnadl er syndod
> A wnaethant ei difrod pryd hyn.

Yna aeth ati i ymdrin â'r digwyddiad ychydig yn ysgafnach trwy
ddechrau gofyn cwestiynau, ac wedi gwrando dipyn ar y frân wen:

> Pwy welwyd ar draeth Porth Llyfesig
> Mewn arddull cythreulig di-barch,
> Ar gwr gwerglodd Trefgraig caed rhywun
> yn edrych fel corphyn mewn arch.
> Wyth eraill yn yfed yn enbyd
> Mewn agwedd dra ch'wyslyd a blin,
> Nes aethant yn hynod ddi'madferth
> Gan doraeth rhy drwm o hen win.
>
> Pwy oedd y llanc hwnnw fu'n addaw
> Y llyncai y gasgen bob dafn?
> A! gresyn na f'asai e'n perchen
> Fel 'morfil' rhyw globen o safn!
> Pwy welwyd yn 'Twllgi'r 'run noson
> A baich o 'Syr John' ar ei gefn
> Ni chafodd ond aflwydd medd rhywun
> A'i daflu fel meddwyn di-drefn.
>
> Pwy aeth yn gyd 'sgarog a phedwar
> I guddio eu llawndar mewn llwyn,
> Ar ôl ei gyfodi o'i feddrod
> Er syndod o waelod Porth Brwyn?
> Roedd tri o'r rhai hyn yn broffeswyr
> A dau yn ragrithwyr i'r gwraidd,
> Beth oedd meddyliau'r 'hen deulu'
> Wrth 'sbeilio poteli'r 'chwys haidd'?
>
> Pwy oedd y ferch ieuanc lon wisgi
> Fu'n mynnu'r poteli drwy drais,

A dodi'r rhai hynny yn ddiau
O fewn i hen 'gluniau 'i chlos pais?'
Y closyn ollyngodd ar fyrder
Y licer er llawnder i'r llawr –
Gan fyned yn afon fain felen
Dros draethell Porth fechan Tymawr.

Os ymddangosodd y gerdd hon, gallaf ddychmygu y bu cryn dipyn o bryderu a dyfalu yn yr ardal!

Ceir peth o hanes y *Stuart* yn *Blas Hir Hel* a hefyd fe'i crybwyllir yn *Pigau'r Sêr*. Yn ôl darlith Robin Gwyndaf ymwelodd Serah Trenholme â'r fan a gwelodd yr ysbeilio. Cefais ei hanes yn fanwl gan fy ewythr, Evan John Griffith, gan fod nodiadau Hugh W. Jones, Bryn Villa ganddo. Roedd Hugh Jones Bryn yn llygad-dyst i'r cyfan ac yn gofnodwr manwl.

Cychwyn wnaeth y llong o Lerpwl i Seland Newydd ar ddydd Gwener y Groglith 1901 gyda chriw o bedwar ar bymtheg a'i swyddogion ifanc. Mae'n rhaid mai diffyg profiad oedd yn fwyaf cyfrifol am y 'ddamwain' gan nad oedd y tywydd yn ddrwg – dim ond niwl a glaw mân yn ôl y sôn, a dim byd gwaeth. Credid y byddai modd ei hwylio eilwaith ar ôl iddi ddod i'r lan ond ymhen ychydig ddyddiau cododd gwynt o'r môr a thorri ei mastiau a'r rheini'n eu tro yn disgyn ar y llong a'i hagor. Canlyniad hyn fu gwasgaru'r cargo oedd yn cynnwys llestri, wisgi, stowt, canhwyllau, matsys, pianos, gorchuddiau lloriau ac yn y blaen. Mae'r llestri i'w gweld ar ddreselydd yr ardal heddiw ac mae rhai o'r poteli wisgi yn dal heb eu hagor.

Cofiaf i mi gael mynd efo'm rhieni i'r pictiwrs ym Mhwllheli, am y tro cyntaf erioed mae'n siŵr, i weld y ffilm *'Whiskey Galore'*, ffilm oedd yn adrodd profiad cyffelyb iawn ar ynysoedd yr Alban.

Mae un o diwbiau'r *Stuart* i'w weld yn glir yn y creigiau melynion heddiw, a daw peth o gorpws y llong ei hun i'r golwg ar dreiau mawr.

Un o'r ffactorau a oedd yn gyfrifol am drafferthion y *Stuart* oedd i'w chêl fynd ar draws llong arall oedd yn gorwedd o dan y dŵr. Y *Sorrento* oedd honno, a suddodd mewn tywydd stormus iawn ym mis Hydref 1870. Roedd yn llong dri mast a gariai lwyth cymysg o Lerpwl i New Orleans. Er i'r criw dorri ei mastiau i geisio ei harbed daeth i mewn i greigiau Porth Tŷ Mawr. Ceisiodd un o'r criw gyrraedd y lan gyda rhaff am ei ganol ond boddodd. Arhosodd gweddill y criw ar ei bwrdd wedyn tra oedd hi'n treio. Yn y man llwyddasant i gyrraedd tir a chyrraedd fferm Tŷ Mawr lle'r oedd taid a nain Hugh Jones a'u mab a'u merch yn byw. Dyfynnaf o'r nodiadau:

Yr adeg hynny roedd sôn fod y Gwyddelod yn bwriadu ymosod ar dir Cymru a phan glywodd yr hen wraig sŵn y llongwyr o'r tu allan dyma hi yn gweiddi, 'Maen nhw wedi dŵad, Cadi!' gan hwylio i neidio trwy'r ffenestr gefn o'u blaenau. Cododd y mab, cafodd afael ar hen wn, aeth i lawr y grisiau ac agor y drws. Daeth yr

Americanwyr i mewn yn wlyb iawn. Ni fedrai John Hughes, Tŷ Mawr air o Saesneg a gwnaeth y morwyr ddefnydd o focs matsys, rhoi tair matsen arno i ddangos tri mast gan ei wthio ar hyd y bwrdd ac yn erbyn y pared i ddangos llong yn mynd yn erbyn y creigiau a daethant i ddeall ei gilydd.

I Faen Melyn Llŷn

Rhaid ceisio rhuthro ymlaen bellach, heibio i **Borth Brwyn, Pentifan** a **Phorth Hocsiad, y Twllgi** a **Phorth Sion Richard** ac yna cyrhaeddwn **Borth Fesyg** a **Phorth Hendrefor**.
Dywedir i Borth Fesyg gael ei henwi felly oherwydd i long y *Lefesig* fynd ar y creigiau sy'n agos iawn i'r wyneb yn y bae. Cargo o geirch, blawd haidd, cig bîff a menyn oedd arni ac wrth gwrs, fe'i hysbeiliwyd a chludwyd y nwyddau i gartrefi'r fro. Aed â pheth i'r Badell a dyma, yn ôl un rhigwm, ginio gweithiwr a aeth yno i farlio (sef codi'r ardd yn gefnau o bridd a'i adael felly dros y gaeaf i sychu):

I'r Badell es i farlio,
Llymru a ges i ginio,
Uwd a menyn drwg drewedig,
A chig bîff o Borth Llefesig.

Ar y llaw arall, awgrymir yn *Enwau Afonydd a Nentydd Cymru* (R. J. Thomas) mai budur neu lleidiog yw ystyr 'llefesig'. Ond rhaid aros yma gan mai dyma'r rhan o'r arfordir lle digwyddodd un o'r trychinebau gwaethaf. Gŵyr pawb am englyn R. Williams Parry i'r tri brawd yn *Cerddi'r Gaeaf*, gyda'r esgyll:

Aethant ddifater weithion
O bysg a therfysg a thon.

Ond nid fel yna y'i cyfansoddwyd yn wreiddiol; ym mynwent Hebron y gellir gweld yr englyn yn y ffurf honno:

Y tri llanc ieuanc eon – sydd isod
    Soddasant i'r eigion;
Obry ni chynnwys Hebron
Na physg, na therfysg, na thon.

Ar fedd tri brawd – meibion Tir Dyrus, Rhoshirwaun – y mae'r englyn. Boddwyd y tri ohonynt yn nechrau haf 1933 pan aethant allan i godi rhwyd a hithau'n foriog. Cedwid y cwch ym **Mhorth Gwydlin** (pysgodyn gwyn yw chwydlin), neu i roddi iddo ei enw arall, **Porth Trefgraig Bach** (neu **Borth Whitley** fel yr ymddengys yn adroddiad y cwest). Mae'r adroddiad am yr angladd yn ysgytwol:

Claddwyd y tri brawd yn yr un bedd, nawn Mercher, a dywedir na welwyd erioed y fath dyrfa mewn angladd yn Lleyn o'r blaen. Yr oedd yr angladd tua milldir o hyd, ac yr oedd y meysydd a'r ffyrdd o gwmpas y ffordd yn frith o bobl. Cludid yr eirch ar lori yn cael ei thynnu gan geffylau. Yr oedd y fam yn rhy wael i fod yn bresennol, ac er bod y tad wedi ei gaethiwo i'w wely am rai dyddiau mewn canlyniad i'r brofedigaeth, aeth i'r angladd.

Mae'n sobri dyn i ddeall fod y tri brawd yn berthnasau agos i Thomas Roberts, Gwelfor, Tudweiliog, a laniodd yn Iwerddon, ac mai rhyw ddeufis ynghynt y cafodd ef ei antur fawr.

Wrth nesu at **Drwyn Porthferin** awn heibio **Ffos Garreg Wen, Sgers, Ogof Fain, Pwll Eifion, y Foesan** ac **Ogof Colomen** cyn dod i **Borth Bach**. Cedwir amryw o gychod yn ddiogel yn yr hafan hon a rhyfeddaf at ba mor ddeheuig y bydd y pysgotwyr wrth wneud lle i gadw eu gêr yn ddiddos trwy roi drysau ar wendid yn y graig. Yma y cadwai Dewyrth Huw ei gwch, y *Pilgrim*, ac oddi yma yr hwyliai i fynd â Jac a'i nain i bysgota ers talwm, yn ôl yr hanes yn *Pigau'r Sêr*.

Dros y clogwyn a dyna **Borth Ferin**, un arall o'r porthladdoedd bychain a fu'n brysur iawn flynyddoedd yn ôl. Oddi yma, meddai David Thomas, 'Yn Ebrill 1758 anfonwyd deugain hobed (o datws) i Abermaw mewn llong fechan a hwyliai o Borthferin . . . ' Diddorol, wrth fynd heibio, yw nodi fod tyddyn gerllaw o'r enw Tri Hobed.

Mewnforiwyd glo yma hefyd. Rhaid fu chwythu'r creigiau i wneud lle i'r llongau ddod i mewn ac fel mewn porthladdoedd eraill, caed injan stêm i weithio'r peiriannau a ddadlwythai'r llong. Unwaith aeth un o'r llongau ar **Garreg Drai** a rhaid fu aros nes daeth moryn i'w chodi i ffwrdd.

Dyma'r porthladd a wasanaethai blwyf gwledig Porthferin, y plwyf anghyffredin hwnnw heb na choeden na gefail nac eglwys ynddo yn ôl *Hanes Eglwysi a Phlwyfi Lleyn*. Mae Eglwys Bodferin, a elwir yn Eglwys Mul, wedi ei lleoli ym mhlwyf Aberdaron. Fe fu eglwys ym mhlwyf Bodferin ganrifoedd yn ôl ond bod ei hadfeilion yn agos i'r môr ac o dan bridd na chaiff fyth ei gyffwrdd gan neb. Cyfeiria Myrddin Fardd at hyn:

Yn ddiweddar, dywedai gŵr y Tŷ Mawr, yn y plwyf, ddarfod i'w daid, a'i dad wedi hynny, golli eu hiechyd a marw oblegyd arloesi rhyw gymmaint ar y fynwent, ond na chymmerai efe ddim a welodd erioed am ryfygu gwneyd y fath beth.

Ysbeiliwyd yr eglwys, yn ôl y sôn, gan ladron a ymosododd arni o'r môr. Wrth ruthro i ffwrdd â chloch yr eglwys yn ei feddiant, disgynnodd un o'r lladron wrth neidio dros hafn ar ben yr allt a gollwng y gloch. Gelwir y fan honno'n **Llam y Lleidr** a dyna'r teitl a roddodd J. Selwyn Lloyd i un o'i nofelau. Mae ganddo gysylltiad teuluol â Phen y Borth gerllaw.

Y gred yw fod Merin Sant yn fab i Seithenyn o Gantre'r Gwaelod ac yn frawd i Gwynhoedl, sant eglwys Llangwnnadl.

Ymhlith nodiadau E.J. Griffith mae dyfyniad o *Lyfr Hanes Ysgol Llidiardau, Rhoshirwaun*:

1814 Ogof Sion y Coldy
Gwelwyd swyddogion y cylch yn casglu bechgyn ieuanc i frwydr

fawr Napoleon. Ymwelasant â John Jones y Coldy a Thomas Griffith, y gwehydd. Daliwyd Sion, ond wedi teithio ychydig o ffordd dihangodd i gyfeiriad gallt y môr a diflannu yno, ac ni welwyd ef ar ôl hynny. Gelwir ogof ym Mhorthferin hyd heddiw yn **Ogof Sion y Coldy**.

Wrth gychwyn ymlaen a wynebu **Mynydd Carreg** a **Mynydd Anelog** down at **Borth Geirch**, sydd ger Porth Ferin yn ôl J. Lloyd Jones. Yna ymlaen at **Ddinas Felen** a **Gallt Penborth**. Yma, meddai Owi Jones, Cae Hic, y ceir tyllau crancod ac iddynt yr enwau **Twll Dic** a **Deudwll Dic** a cheir **Ogof Gots, Penrhyn Mawr** ac **Ogof Arw**. Yma, o gwmpas **Trwyn Garreg Lwyd**, mae amryw o dyllau crancod ac iddynt enwau fel **Ceillia, Hen Eglwys** – gan fod siâp drws eglwys yn y graig, ac o bob enw, **Nythod Crancod**. Yma mae y **Tyllborth** ac allan yn y môr ceir **Maen Mellt**.

Oherwydd ei leoliad bu Maen Mellt yn dramgwydd i longau ar hyd y canrifoedd. Hoffwn oleuni ar sylw a glywais fod creigiau o natur ddaearegol Maen Mellt yn tynnu mellt a'u bod, o'r herwydd, yn chwarae hafoc â chwmpawdau llongau. Tybed a oes gwir yn hyn? Yn 1802 aeth y *Lovely*, a gariai lwyth o fwydydd o Gaer, yn chwilfriw arni. Yn 1969 archwiliodd deifwyr y fan lle y credir iddi suddo a chodasant ysgythrddanneddd eliffantod Affricanaidd a chopr a phlwm. Tua diwedd y ganrif, yn 1884, suddodd y *Luther*, llong Albanaidd oedd ar ei ffordd i Newfoundland. Ychydig o wybodaeth a roddir am hon mewn llyfrau ar longddrylliadau ond lluniodd William Davies, Top y Rhos, gerdd iddi dan y teitl 'Meddwdod Porth Iago' a honno'n feirniadaeth lem ar y trigolion lleol. Ysbeiliwyd y llong, trodd y bobl i addoli ei chargo a chodwyd 'temel newydd':

> Yn ardal deg Bodferin
> Yn brysur codwyd hon,
> I Bachus ym Mhorth Iago
> Yn ymyl min y don;
> Daeth yma long o 'Sgotland
> Gan gludo ar ei bwrdd
> Hen dri bonheddwr enwog
> I gynnal grymus gwrdd.

Aiff ymlaen yn ddifyr i sôn am effaith a dylanwad y tri bonheddwr, sef y tri math o ddiod, ond mewn gwirionedd mae'n ergydio'n galed dros ddirwest.

Ni welais unrhyw gyfeiriad at ddrylliad y *Casgin* yn 1884 yn unman ond mewn cerdd gan Gwilym y Rhos yn adrodd yr hanes. Dyma ddetholiad o'r penillion:

Rhwng unarddeg a dauddeg man trymaf yn yr hwyr,
Roedd *Gasgin* ar y tonnau yn gadael tir yn llwyr;
Dechreuai'r môr gynhyrfu, a chodi wnaeth y gwynt,
'R un fath â noson *Luther*, ryw gyfnod bach ynghynt.

Wrth drawsio aeth y *Casgin* a'i blaen at Enlli dir,
A'r criw yn methu cadw y 'Maen' yn ddigon clir;
Pob gobaith am ymwared a gollwyd gan bob gŵr
A hwythau dyn a'n helpo yn marchog tonnau'r dŵr.

Trawodd Faen Mellt a chollwyd pedwar o'r criw, gan gynnwys y capten:

Caed hyd i gorph y capten ar waelod Ogof Gots
A'r mab yn Ogof Dorothy, peth od i'r môr wneud ots;
A'r ddau yn cael 'r un dynged, mewn munud o'r un man
Lle curo rhain ar unwaith, yn lanwaith i'r un lan.

Caed hyd i'r *cook* yn farw yn Ogof Lliain Glas,
A'r *second mate* yn Twllgi mewn agwedd eithaf cas;
Mae'r pedwar heb eu claddu nes cael y crwner gwyn
I wneuthur iawn archwiliad ar gyrff y pedwar hyn.

Caed corpws yr hen *Gasgin* ym Mhorthor ar y traeth,
A thair o rwyfa' n'wyddion heb fod un gronyn gwaeth'
Ond gresyn fod y morwyr ym mhlith y pethau fu,
Na chawsant ddyfod adref i draethau'r llan wrth lu.

Mae teulu rhain mewn galar ac ochain ar eu hôl.
Na chaent eu gweled mwyach, serch iddynt fod yn ffôl
Yn colli eu bywydau wrth ddwyn ym Mhorth y Wrach,
O! cofiwch bawb drwy'r gread am dynged *Casgin* Bach.

Hoffaf hon yn fawr am ei bod yn cyfeirio at enwau rhai mannau yn yr ardal hon, ac un ohonynt, **Ogof Dorothy**, yn enw nas clywais ef o gwbl yn unman arall. Ond mae'n sôn am ddigwyddiad dieithr gyda chryn ddirgelwch yn perthyn iddo. Ai llong leol ydoedd? Roedd Siop Casgin yn Rhoshirwaun. Oedd yna gysylltiad? Ai dod i ladrata ym Mhorth y Wrach yr oeddynt?

Un o'r traethau mwyaf dymunol yw **Porth Iago**, yn gul a chysgodol a thywodlyd, er bod ei elltydd pan fûm i heibio wedi eu hagru gan ysbwriel. Pe baem yn gadael Porth Iago ac yn mynd allan i'r môr mawr efo cwch i gyfeiriad Enlli, aem heibio **Graig Ddu** ac wedyn deuem at **Ogof Lliain Glas** lle y dywedir bod llong ac arni hwyliau gleision wedi mynd i'r lan. Awn heibio **Porth Ysgyfarnog** ac at **Ogof Newry**. Llong go fawr a gariai ymfudwyr o Iwerddon i Quebec ym mis Ebrill 1833 oedd y *Newry*. Aeth ar y creigiau a chollwyd pump ar hugain o'r pedwar cant oedd ar ei bwrdd. Byddai'r colledion yn llawer uwch oni bai am ddewrder Dafydd Griffith, hen forwr a drigai ym Morfa Trwyn Glas. O ganlyniad i'w ddewrder enillodd fedal gan y Gymdeithas Frenhinol Genedlaethol, ynghyd ag £20. Magwyd traddodiad wedyn a throsglwyddwyd y fedal o un Dafydd Griffith i'r llall. Ble mae hi bellach tybed? Claddwyd y rhai a gollwyd oddi ar fwrdd y *Newry* ym mynwent Eglwys Sant Hywyn, Aberdaron. Tua'r un fan bedair mlynedd yn ddiweddarach aeth y *Rossi* i drafferthion, ond wrth lwc, ni chollwyd bywydau y tro hwn.

Yn nesaf daw **Porth Llwynog a Thrwyn Glas, Porth Llong** ac yna **Borth y Wrach**. Diolch eto i Gwilym y Rhos am y rhigwm canlynol:

Mae gen i ebol melyn bach
Ger Porth y Wrach yn pori,
O! gwylied syrthio dros yr allt
I'r eigion hallt a boddi;
Mi fasa'n golled mawr i mi
Pe bai o'n digwydd syrthio
A minnau wedi talu'n ddrud
I Sion y Rhyd amdano.

I droi yn fwy cyfoes, canodd Leah Owen i Borth y Wrach hefyd.

Cyn dod i Borthor awn heibio **Pwll Tarw, Ogof Garreg Wen** a **Phorth Gyfyng** gyda'i odyn galch. **Porthor** yw un o'r traethau mwyaf poblogaidd o'r cyfan i gyd oherwydd bod y gronynnau tywod yn chwibanu wrth iddynt rwbio'n erbyn ei gilydd. Ond porthladd fel y lleill ydoedd flynyddoedd yn ôl a deuid â chalch i'r odyn a glo i mewn yma cyn defnyddio Porth Ferin. Gan ei bod yn anhwylus iawn i ddod â'r llong i fyny'r traeth ac am ei bod yn cymryd llawer iawn o amser i'w dadlwytho, symudwyd i Borth Ferin a defnyddio dyfeisiadau mwy modern. Allforiwyd penwaig oddi yma yn 1714 a chynnyrch y ffermydd yn ddiweddarach. Adeiladwyd dwy long yma yng nghanol y bedwaredd ganrif ar bymtheg hefyd. Gwyddys fod dwy long wedi eu colli yma yn 1879 – y *Sellar* a'r *Weaver*. Yn 1859, adeg 'awel y *Royal Charter*', daeth naw llong i lochesu i'r bae. Fe fu yma gloddio o dan oruchwyliaeth rhyw Mr Bacon o rywle. Gelwid y gwaith yn **Waith Bacon**!

Ond y drychineb fawr oedd honno a ddigwyddodd yma yn 1977 pan foddodd John Morris, prifathro Ysgol Deunant, Aberdaron wrth geisio cynorthwyo plentyn o'i ysgol a aeth i drafferthion. Boddwyd y ddau. Yma eto fe geir **Cerrig Trai** yn y bae, ac wrth nesu at Ben Draw Llŷn awn heibio **Porth Graeanog** a'r **Ogof Ddu Fawr** ac yna i'r **Ddinas Fawr**, er mai yma y lleolir Dinas Fach ar y map Ordnans.

Mae'r rhan hon o'r arfordir ac ymlaen o gwmpas pen eithaf Llŷn hyd at draeth Aberdaron eto yn cael ei ystyried yn Safle o Ddiddordeb Gwyddonol Arbennig ac wrth restru nodweddion yr ardal, ei daeareg yn arbennig, gallwn foddi ynghanol y manylion daearegol astrus. Digon yw ymhyfrydu bod y fath arbenigrwydd yn perthyn i'n hardal a bod planhigion ac adar diddorol a phrin yn ymgartrefu yn ein mysg.

Bûm yn sgwrsio â pheth wmbredd o bobl pan es ati i gasglu'r enwau hyn a chael gwefr wrth wrando ar bob un ohonynt yn dadlennu'r cyfoeth oedd ganddynt ar eu cof. Ond mae'r ymweliadau prin, ysywaeth, â chartref croesawus Griffith Evans, Plas Ffordd rai blynyddoedd yn ôl ymhlith y rhai a drysoraf fwyaf. Eistedd wrth fwrdd y gegin â map o'n blaenau ac yntau'n rhestru'r enwau fel cyfrifiadur. Nid oedd pall ar ei gof. Roedd yn amlwg ei fod yn adnabod yr arfordir o Borthor o gwmpas pen Uwchmynydd ac i Borth Ysgo fel cefn ei law, a'i edmygedd a'i barch diymhongar at ei fro a'i bywyd gwyllt yn heintus. Roedd addewid cynnes wedi ei roi i mi yr âi â mi yn ei gwch o gwmpas y glannau yn yr haf. Ni ddaeth y cyfle, a minnau'n llawer iawn tlotach o'r herwydd gan iddo farw'n sydyn cyn imi allu manteisio ar y gwahoddiad.

Ychydig ddyddiau ar ôl Nadolig 1990 es unwaith eto i ben Uwchmynydd i geisio gofalu bod fy rhestr mor gyflawn a chywir â phosibl. Y tro hwn aeth Griffith Jones, Cae Mur efo mi i weld Evan John Williams, Bryn Goronwy a llwyddasant i ychwanegu at fy rhestr a chadarnhau fod yr enwau a oedd yn wybyddus iddynt hwy wedi eu lleoli yn gywir. Gwelwyd fod rhai eraill o'r enwau yn ddieithr iddynt. Dyna sy'n digwydd yn ddieithriad. Nid oes gan neb yr wybodaeth gyflawn, ond mae gan bawb gyfraniad gwerthfawr i'w gynnig.

Ar Ddinas Fawr mae amryw o dyllau crancod – **Tyllau Gwmanog, Tyllau Plu'r Gweunydd, Tyllau Trwyn Main** a **Thyllau Trwyn Tywod** yma yn Ninas Fawr.

Allan yn y môr rhwng Dinas Fawr a Dinas Bach mae'r **Gwter**, pwll pysgota o fri. I gael hyd iddo rhaid mynd allan nes gwelir pibell odyn Porthorion rhwng Dinas Fawr a'r lan ac unioni efo'r clawdd ar Allt Carreg. Mi af yno rhyw dro! Os oedd Griffith Plas Ffordd yn ei frolio, yna mae'n siŵr o fod yn lle da.

Wrth nesu at Ddinas Bach cawn **Garreg Sion Tir Bonog, Ogof Rhedyn, Ogof Ddu Bach** a thyllau crancod ar **Drwyn Wmffra**. Ar Ddinas Bach ceir Braich Garw ac amryw o dyllau – **Twll Richard Tŷ'n Ffynnon, Twll Dyfn, Tyllau'r Ebolion, Pwll Ithel** a **Charreg Felys**.

Draw eto o Ddinas Bach ac i **Borth Gŵr**, heibio **Carreg Galch** ac i **Borthorion** lle ceir **Pwll Mari James**. Fel yn amryw byd o'r mân borthladdoedd roedd odyn galch ym Mhorthorion a gedwid unwaith gan William Jones, Ysgubor Bach. Pwy ddaeth heibio un diwrnod ond Dic Aberdaron a drigai gerllaw yng Nghae'r Eos, gan holi ble'r oedd William Jones. Wedi cael ateb, dyma ddywedodd Dic:

Ym Mhorth Orion yn hel arian
Am y calch mae'n werthu rwan;
Fe ddaw adra a darn bocedaid
A'u rhannu'n gywir rhwng y merchaid.

Fe wnaiff ei ffortiwn ym Mhorth Orion
Am y calch caiff arian ddigon;
Os deil o at y gwaith yn ffyddlon
Ef fydd Emprwr Aberdaron.

Cloddiwyd maen iasbis o Fynydd Carreg gerllaw, carreg goch-biws hardd. Fe'i cariwyd i fannau pell i'w defnyddio fel carreg adeiladu. I'r rhai sy'n ymhyfrydu mewn pensaernïaeth imperialaidd, defnyddiwyd maen iasbis Mynydd Carreg i ychwanegu at wychder Palas St James yn Llundain. Ceisiwyd mynd â darn anferth ohoni unwaith dros Bont Nant yr Eiddion ger Methlem, ond roedd yn rhy drwm ac aeth y bont i lawr oddi tani. Mae llun ardderchog ar gael o faen iasbis enfawr yn cael ei gludo drwy Faes Pwllheli ar ei ffordd i rywle neu'i gilydd. Dywed Ioan Mai Evans y credir 'bod pob carreg y sonnir amdani yn Llyfr y Datguddiad i'w chael yn Llŷn'.

Wrth adael Porthorion a nesu at ardal Anelog awn heibio **Trwyn Du, Porth Ddofn** a **Thrwyn Llwyd**. Mae'n rhaid fod y dŵr yn ddwfn ym Mhorth Ddofn. Ni cheir broc yno o gwbl gan na wna'r môr ddim ond tynnu'n ôl ac ymlaen. Yma mae **Gwely Daniel** lle y dywedir yr âi Daniel Pwllwgwr i bysgota. Ar fap Ordnans, prin yw'r enwau, er bod **Ogof Pren Coch** wedi ei dangos. Gyferbyn mae **Carreg Ddiffaith** ac yn nes ymlaen **Ogof Llety Sion**. Dywed traddodiad fod cysylltiad rhwng y fan hon a helyntion dwyn defaid.

Gadawodd y tri ohonom allt y môr a mynd allan i'r ffordd ger Cyndyn ar ddiwedd yr ail ddiwrnod o gerdded. Bu'n Sul y Blodau hynod o wyntog ond eto'n heulog a'r cyfuniad o'r ddwy elfen yn dangos gogledd Llŷn ar ei gorau wrth i ewyn claerwyn y môr dorri ar y creigiau duon. Drannoeth newidiodd y tywydd yn llwyr a chawsom stormydd o genllysg i'n hebrwng o gwmpas pen Uwchmynydd ac i gyfeiriad Porth Neigwl.

Oherwydd natur yr arfordir, y gelltydd serth yn disgyn yn ddibyn i'r môr o Fynydd Anelog a Mynydd Mawr, gellir deall fod yr enwau yn gymharol brin ac mai enwau a ddefnyddir yn arbennig gan gychwyr a geir yma. Eto i gyd fe gawn **Ebolion Pwll Wgwr, Carreg Walter, Ogof Twll Meinir** ac **Ogof y Garreg Wen**. Rhaid imi gyfaddef nad wyf yn gyfarwydd â phobman a enwir ar y daith, ond deallaf fod yr elfen 'ogof' mewn amryw o'r enwau hyn yn golygu hafn yn hytrach na'r hyn a ystyriwn ni'n arferol yn ogof. Ar ben yr allt mae lle sy'n debyg iawn i bulpud a elwir yn **Bulpud Pedr**.

Dyma'n awr ddod at **Fraich Anelog** neu **Drwyn Anelog**, ac yn ôl J. Lloyd Jones, ystyr 'anelog' yw magl neu groglath. Yma ceir tyllau crancod **Twll yr Higol, Y Badda, Tyllau Garreg Wen** a **Thyllau Trwyn Anelog**. Mae'n debygol mai yr un yw 'badda' a 'baddon', sef twb i ymolchi ynddo, yn ôl yr Athro Bedwyr Lewis Jones. Pe baech yn sefyll ar lethrau **Mynydd Anelog** uwchben y môr, oddi tanoch byddai **Pwll**

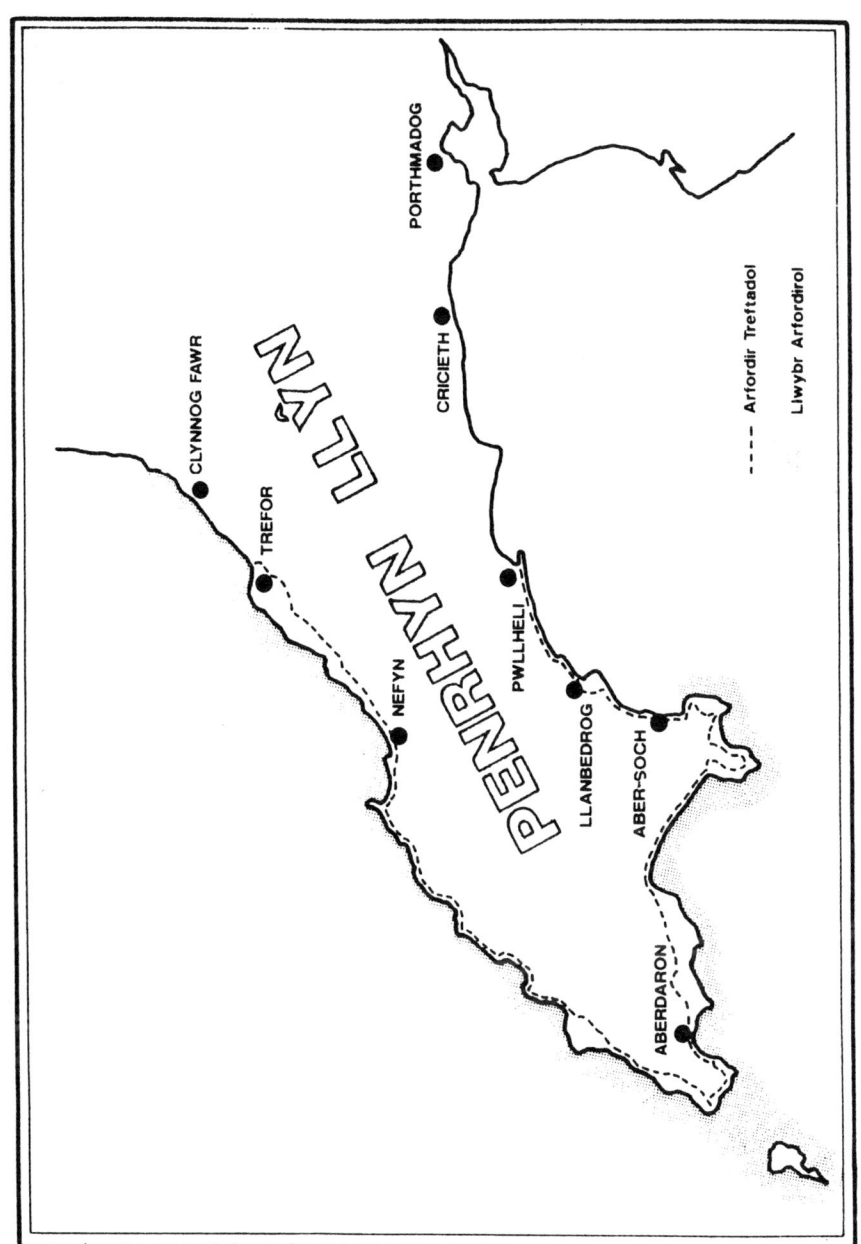

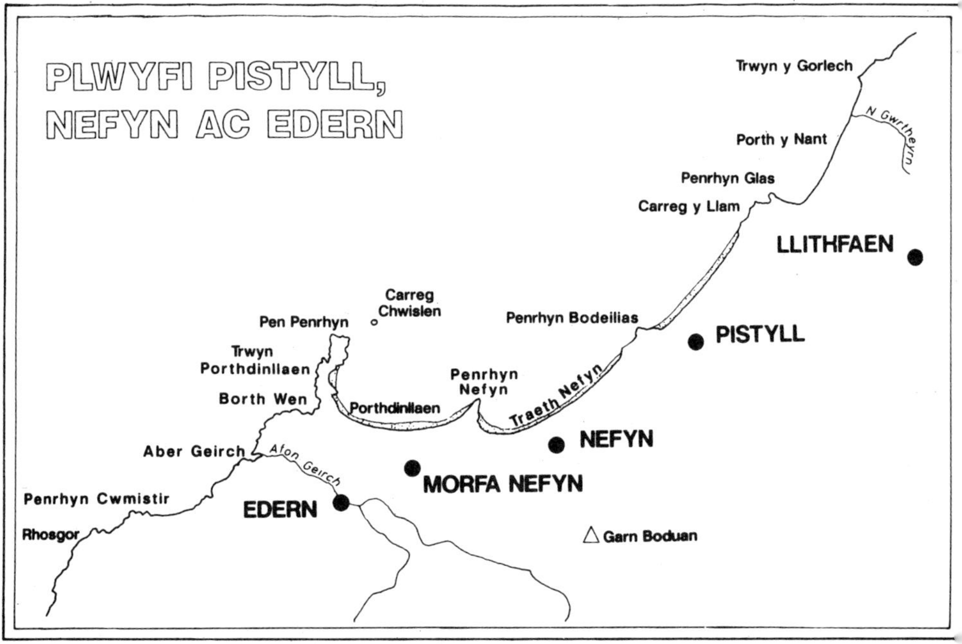

PLWYFI PISTYLL, NEFYN AC EDERN
Trwyn y Gorlech
N Gwrtheyrn
Porth y Nant
Penrhyn Glas
Carreg y Llam
LLITHFAEN
Carreg Chwislen
Pen Penrhyn
Penrhyn Bodeilias
PISTYLL
Trwyn Porthdinllaen
Penrhyn Nefyn
Traeth Nefyn
Borth Wen
Porthdinllaen
NEFYN
Aber Geirch
Afon Geirch
MORFA NEFYN
Penrhyn Cwmistir
EDERN
Rhosgor
Garn Boduan

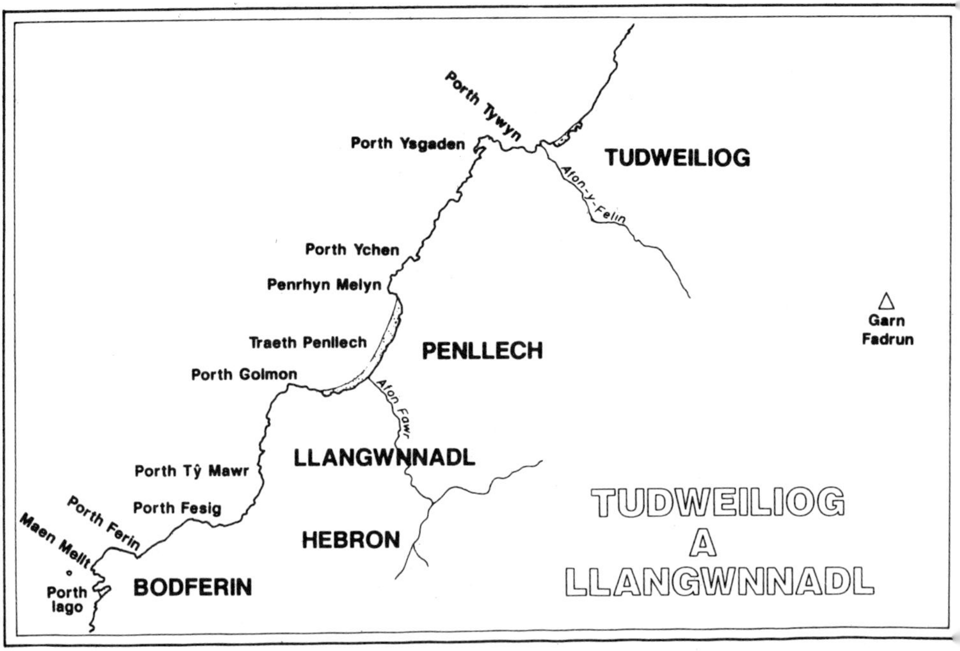

Porth Tywyn
Porth Ysgaden
TUDWEILIOG
Afon-y-Felin
Porth Ychen
Penrhyn Melyn
Garn Fadrun
Traeth Penllech
PENLLECH
Porth Golmon
Afon Fawr
LLANGWNNADL
Porth Tŷ Mawr
Porth Ferin
Porth Fesig
TUDWEILIOG A LLANGWNNADL
Maen Mellt
HEBRON
Porth Iago
BODFERIN

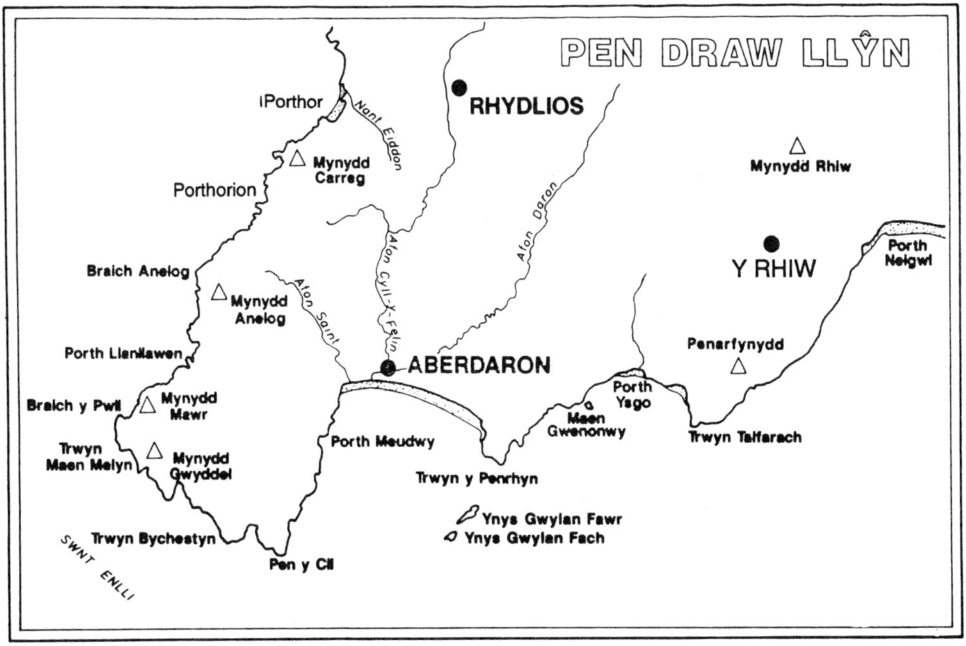

PEN DRAW LLŶN

- Porthor
- **RHYDLIOS**
- △ Mynydd Carreg
- Porthorion
- Nant Eirddon
- Afon Cyll-y-Felin
- Afon Saint
- Afon Daron
- △ Mynydd Rhiw
- Braich Anelog
- △ Mynydd Anelog
- ● Y RHIW
- Porth Neigwl
- Porth Llanllawen
- ● ABERDARON
- Penarfynydd △
- Braich y Pwll
- △ Mynydd Mawr
- Porth Ysgo
- Trwyn Maen Melyn
- △ Mynydd Gwyddel
- Porth Meudwy
- Maen Gwenonwy
- Trwyn Talfarach
- Trwyn y Penrhyn
- Trwyn Bychestyn
- Ynys Gwylan Fawr
- Ynys Gwylan Fach
- Pen y Cil
- SWNT ENLLI

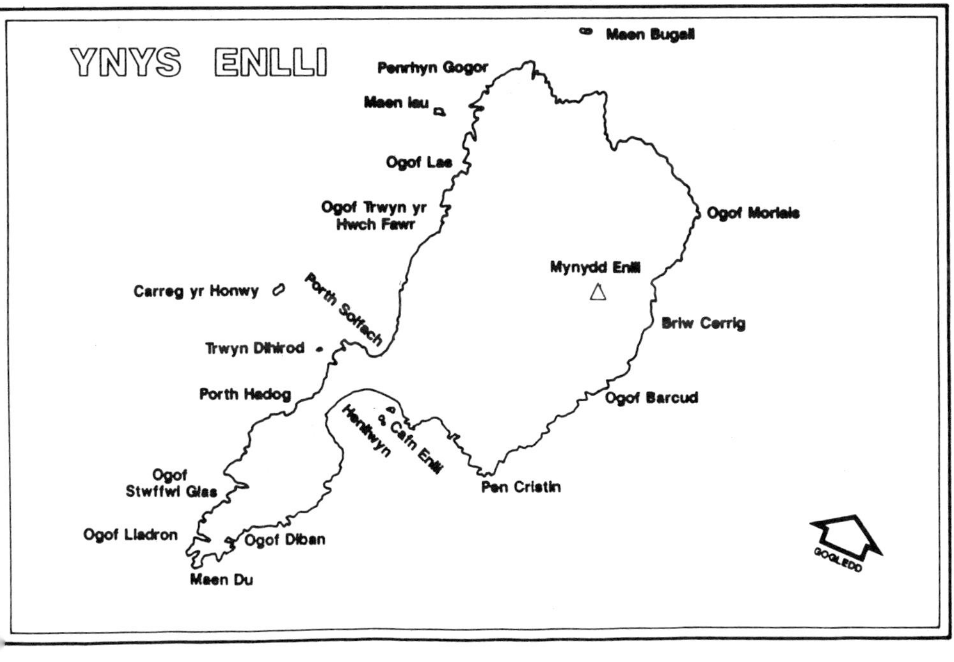

YNYS ENLLI

- Maen Bugail
- Penrhyn Gogor
- Maen Iau
- Ogof Las
- Ogof Trwyn yr Hwch Fawr
- Ogof Morlais
- Mynydd Enlli △
- Carreg yr Honwy
- Porth Solfach
- Briw Cerrig
- Trwyn Dihirod
- Porth Hedog
- Ogof Barcud
- Henllwyn
- Cafn Enlli
- Ogof Stwffwl Glas
- Pen Cristin
- Ogof Lladron
- Ogof Diban
- Maen Du
- GOGLEDD

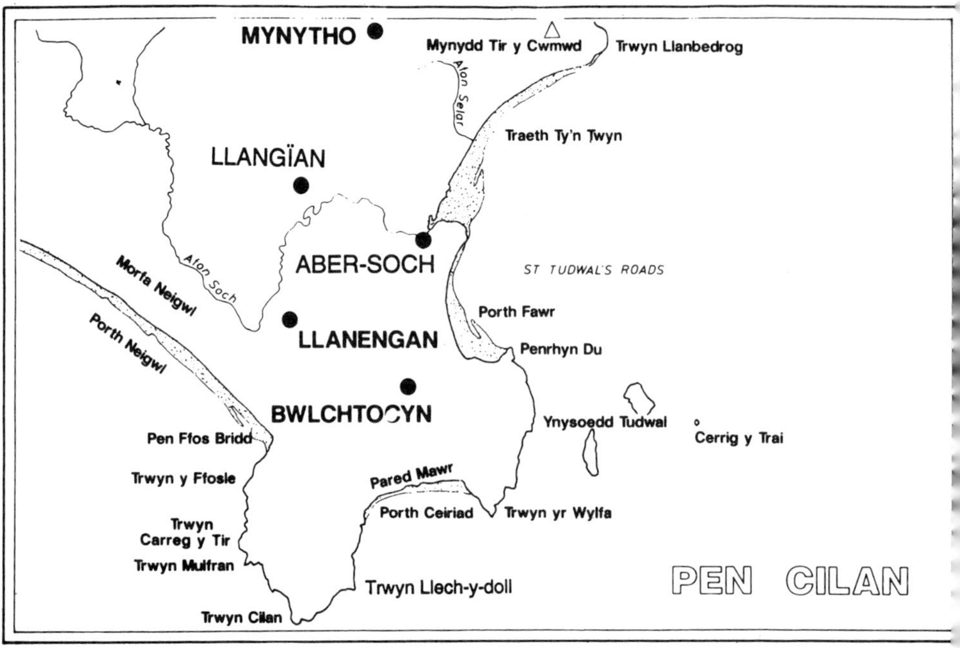
MYNYTHO
Mynydd Tir y Cwmwd
Trwyn Llanbedrog
Afon Selar
Traeth Ty'n Twyn
LLANGÏAN
ABER-SOCH
ST TUDWAL'S ROADS
Afon Soch
Morfa Neigwl
Porth Neigwl
LLANENGAN
Porth Fawr
Penrhyn Du
BWLCHTOCYN
Pen Ffos Bridd
Ynysoedd Tudwal
Cerrig y Trai
Trwyn y Ffosle
Pared Mawr
Porth Ceiriad
Trwyn yr Wylfa
Trwyn
Carreg y Tir
Trwyn Mulfran
Trwyn Llech-y-doll
PEN CILAN
Trwyn Cilan

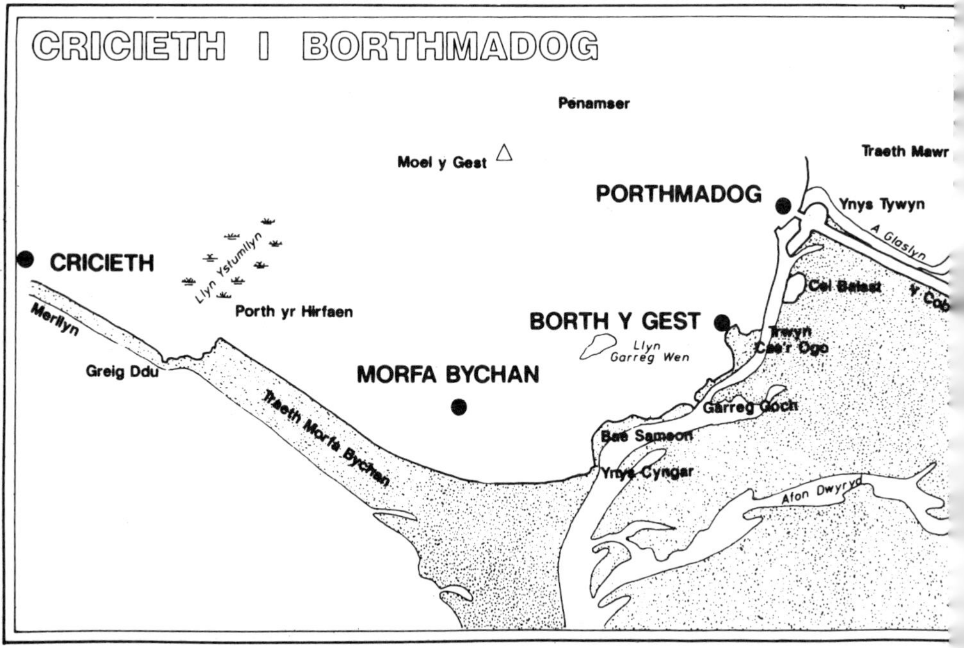
CRICIETH I BORTHMADOG
Penamser
Moel y Gest
Traeth Mawr
PORTHMADOG
Ynys Tywyn
A Glaslyn
CRICIETH
Llyn Ystumllyn
Cei Balast
Y Cob
Merllyn
Porth yr Hirfaen
BORTH Y GEST
Trwyn
Cae'r Ogo
Llyn
Garreg Wen
Greig Ddu
MORFA BYCHAN
Garreg Goch
Traeth Morfa Bychan
Bae Sameon
Ynys Cyngar
Afon Dwyryd

Maen Dylan, Aberdesach a'r Eifl
(D.W. Davies, Caernarfon. Postiwyd yn 1952.)

Llwytho sets wrth yr Hen Gei yn Nhrefor
(Debenham, Caernarfon. Postiwyd yn 1910.)

*Golygfa i gyfeiriad Carreg y Llam o Nant Gwrtheyrn, gyda'r stêj i lwytho sets
(Ffotograffydd: F.H. May/Cyhoeddwr: W.H. Roberts, Liverpool House, Llithfaen)*

*Pistyll a'r Eifl
(R.J. Jones, M.P.S., M.I.C.O., Nefyn. Postiwyd yn 1930.)*

*Rhan o'r traeth a Thrwyn Nefyn, gyda Cherrig Bach (ar y dde)
a Phorth William Edward
(Cyhoeddwr: J.R. Owen, Nefyn. Postiwyd yn 1908.)*

*Traeth Nefyn
(Cyfres Beacon)*

Cim Porth Dinllaen
(Gwerthwyd gan D.W. Davies, Swyddfa'r Post, Morfa Nefyn. Postiwyd yn 1915.)

Gwersyll Porth Dinllaen

Aber Geirch gyda Bwthyn Sian ar y chwith
(Cyhoeddwr: Davies, Morfa Nefyn)

Llong Io Maggie Purvis *ym Mhorth Ysgaden*
(Cyhoeddwr: Daniel Griffith, P.O., Tudweiliog)

Cloch y Cyprian *a ddarganfuwyd ym Mhenrhyn Rhosgor tua 1963 gan J.H. Morris, Porthmadog*

Traeth Penllech
(Lilywhite Ltd., 1932)

Porth Golmon
(Ffotograffydd: F.H. May. Argraffwyd ym Mhwllheli.)

Dwy long lo ym Mhorth Ferin gyda'r bwced ar weiar-rôp.
Britton *neu* Edith *oedd y stemar, a* John Nelson *y llong hwyliau.*
(Williams Series)

Ynys Enlli o'r Tir Mawr
(R.J. Jones, Nefyn. Postiwyd yn 1957.)

Goleudy Ynys Enlli
(F. Frith & Co.)

Porth Solfach, Ynys Enlli, a'r brenin yn pwyso ar y cwch gwyn
(Ffotograffydd: F.H. May/Gwerthwyd gan: Roberts, Swyddfa'r Post. Postiwyd yn 1924.)

Mynwent Aberdaron
(Thomas Bros. & Co., Lerpwl. Postiwyd yn 1910.)

Golygfa tua'r gorllewin o Benarfynydd, Rhiw. Sylwer ar lanfa Porth Ysgo gyda Maen Gwenonwy (y graig fwyaf) a Charreg Cybi yn y môr ac Ynysoedd Gwylanod. Ynys Enlli ar y gorwel. (Raphael Tuck a'i Feibion)

Rhuol, Y Rhiw
(F.H. May/Argraffwyd ym Mhwllheli.)

Porth Neigwl, Aber-soch

Trwyn Benar, Aber-soch
(Roberts, Aber-soch. Postiwyd yn 1909.)

Trwyn Llanbedrog
(Cyfres Valentine's. Postiwyd yn 1917.)

Harbwr Pwllheli gyda'r Eifl yn y cefndir
(T. Frederick-Williams, Pwllheli. Postiwyd yn 1905.)

Carreg yr Imbill, Pwllheli
(Cyfres A.R. Quinton)

Bae Cricieth a Moel-y-gest yn y cefndir
(E. Davies Hughes, Medical Hall, Cricieth. Postiwyd yn 1929.)

William Edwards, Cricieth, wrth ymyl ei gwch yn Harbwr Dwyfor
(Cyhoeddwyd gan: The Photochrom Co. o Lundain. Postiwyd yn 1934.)

Borth-y-gest
(Postiwyd yn 1909)

Harbwr Porthmadog
(Stengel & Co., Llundain/Park, Y Drenewydd. Postiwyd yn 1919.)

Cricieth
(F. Frith & Co.)

Traeth y Greigddu
(Valentine a'i Feibion. Postiwyd yn 1958.)

Mathew, Y Fuddai ac Ogof Gadi. Dywedodd Griffith Jones y byddai hen wraig Ysgubor Bach yn sôn am 'niwl Ogof Gadi' a phan ddeuai hwnnw i fyny o'r môr yn y gwanwyn byddai'r tywydd yn siŵr o wella. Yn yr ardal hon mae Ogof Tair Ogof, a enwir felly am fod tri thwll i fynd i mewn iddi, y tri ohonynt uwchben ei gilydd. Yn nesaf cawn Ogof Pwll Meurig lle bu unwaith gloddio copr, Bwrdd Robat Ifas, Ogof yr Oerfa ac i'r chwith Trwyn Bodisa (Trwyn Oerfa), Ogof Goch a Phorth y Pistyll. Heibio Ogof Ddu ac i Borth Llanllawen. Roedd Llawen, neu Llywen yn ôl pob tebyg, yn un o ddisgyblion Cadfan ar Ynys Enlli a ddaeth yn wreiddiol o Lydaw. Aeth llong a llwyth o flawd arni ar y creigiau ger Porth Llanllawen. Dywedir i fachgen ddod i'r lan o'r llong gyda Beibl dan ei gesail.

Nesawn yn awr at Fraich y Pwll, enw a welir ar fapiau o bob math a lle sy'n eiddo i'r Ymddiriedolaeth Genedlaethol erbyn hyn. Awn heibio Gallt y Clafrwyn ac ymlaen at fae bychan o'r enw Pwll Huw Pritchard ac at Bwll Guto, Pwll Darllo, Y Gorlan, Allt Bach, Ogof Cwningod, Ogof yr Afr, Trwyn Briwbwll, Maen Du, Tyllau Penwal a'r Cyfrwy i greincwyr dewr, islaw wal ar Fynydd Mawr. Yma mae Braich y Noddfa ac yna Fraich y Pwll neu Drwyn Braich gyda'i Ogof Braich ac Allt y Greigle. Allan yn y môr ceir Ffenest Braich. I ddod o hyd i'r pwll pysgota hwn, meddai Griffith Evans, rhaid gallu gweld ffenestr hen dŷ Bodisa heibio Trwyn Briwbwll a gweld Ynys Enlli led 'mensel' o Fraich y Pwll. (Daw'r gair 'mensel' o *main sail*. Gellid gweld Ynys Enlli wrth un pen i waelod yr hwyl a Braich y Pwll wrth y pen arall, h.y. hyd y bwm oddi wrth ei gilydd, neu led y *main sail*.)

Dyma gyrraedd Pen Draw Llŷn, 'pen draw'r byd' i Cynan yn y gerdd olaf un iddo'i chyfansoddi ac a ymddangosodd yn *Barn* (Hydref 1969). Roedd wedi ei gyfareddu:

Rhwng banciau o borffor ac aur yn stôr,
Yn sydyn odditanom dim ond môr,

Môr a môr at y gorwel a'i hud
A ninnau wedi cyrraedd pen draw'r byd,

A'r wybren o'n hôl yn denau a chlir
Ar fynyddoedd chwe gwahanol sir.

Enw'r cwmwd hwn o Lŷn yn yr hen amser oedd Cymydmaen, sef 'cwmwd y maen' sef Maen Melyn Llŷn. Cyn mynd ato awn heibio Trwyn Bylan ac at Allt Lefn a grybwyllir yn nes ymlaen, Y Bae Mawr, a Maen Geini sydd ynghanol y bae hwnnw. Ar lechwedd sy'n rhedeg i lawr tua Swnt Enlli mae craig felen; dyma Faen Melyn Llŷn ar Drwyn Maen Melyn. Ar y trwyn hwn ac yn y cyffiniau gwelir y garreg felen yn glir ar greigiau'r gelltydd. Ai yr un wythïen o graig felen yw hon ag a ymddangosodd ym Mhorth Tŷ Mawr a Maen Mellt tybed? Cymhara

Dafydd Namor wallt Llio â'r maen hwn:

Mewn moled main a melyn
Mae'n un lliw a'r maen yn Llŷn.

Ar Drwyn Maen Melyn ceir twll cranc o'r enw **Riwth** a heb fod ymhell mae **Ogof Brain**.

Islaw ceir un o'n ffynhonnau enwocaf, **Ffynnon Fair**, sydd â'r môr yn golchi drosti ar lanw, ond ar drai mae'n llawn dŵr croyw. Yma y dywedir yr yfai'r seintiau cyn croesi'r Swnt i Enlli. Nid nepell, meddai Ieuan Llŷn mewn llythyr at Dafydd Thomas (Dafydd Ddu Eryri) yn 1796, roedd ôl traed Ceffyl Mair ar graig. Cyfeiria ato fel un o 'weddillion Pabyddiaeth'. Diddorol cofio fod ôl troed neu law mewn craig yng Nghlynnog ac yn Nhudweiliog, y tri ohonynt ar Lwybr y Pererinion.

Uwchlaw ar y llechwedd yr oedd Eglwys Fair, a sonia Ieuan Llŷn iddo ymweld â hi. Er ei bod yn adfail yr adeg honno roedd peth o'i muriau yn dair llath o uchder. Islaw yn y creigiau ar gwr Allt Lefn mae **Ogof Dan 'Reglwys**. Yn arwain i lawr i'r ffynnon o'r chwith mae **Ogof y Gathwen** a chyferbyn, allan yn y môr, gwelir **Cerrig Gwyddel**. Ar y creigiau cawn y **Ffynhonnau** ac yna **Fynydd Gwyddel**. Mae Mynydd Gwyddel a fferm Gwyddel gerllaw yn ein hatgoffa o'r cysylltiad clòs a fu rhwng trigolion Llŷn a'r Gwyddelod yn y canrifoedd cynnar.

O dan Fynydd Gwyddel ceir **Trwyn Gwyddel Mawr** ac arno **Dwll Gwyddel Mawr**, a chreigiau gwastad o'r enw **Llechi Gwyddel** gerllaw. Yno mae **Tocyn Brwyn** a **Thrwyn Hen Long** ac yn nes ymlaen **Trwyn Gwyddel Bach** a **Thyllau Gwyddel Bach**.

Ni allwn fod yn nes at Enlli ar y Tir Mawr nag yn y fan hon, felly waeth inni groesi'r **Swnt** yn awr ddim. Go brin y croesodd neb oddi yma mewn cwch gan fod y Swnt yn rhy frochus a thwyllodrus. Mae'n llawer haws croesi o Borth Meudwy, sydd ychydig yn nes at Aberdaron.

Ynys Enlli

Nid oes unman, yn siŵr, a mwy o ramant yn perthyn iddo nag Ynys Enlli, fel y tystiodd T. Rowland Hughes:

Mewn llafn o fachlud ym mhellter y llun
Dirgelwch llwydlas yr ynys ei hun.

Nid rhamant yn unig sy'n denu. Bywyd gwyllt cyfoethog a phrin sy'n denu'r gwyddonydd, ac yn rhoi i'r ynys yr un statws ag a roddwyd i sawl ardal arall yn barod. Byddai dyfynnu paragraff sy'n disgrifio arbenigrwydd llysieuol yr ynys yn rhoi i ni flas o'r cyfoeth sydd yno. Dichon fod y rhan fwyaf ohono yn ddigon astrus a dieithr, ond mae'n rhoi cipolwg i ni o'r hyn y gallem ei werthfawrogi pe baem ni ond yn cyfarwyddo ag ef:

Mae hon yn rhan o safle o bwysigrwydd cenedlaethol (sef Prydeinig, mae'n debyg). Ymhlith y planhigion ceir porfa tanforol yn cynnwys llys Efa *(Plantago coronopus)* a chlustog Mair *(Armeria martima)* a grug yr arfordir yn cynnwys ling *(Calluna vulgarus)*. Ar bridd ansefydlog sy'n gysylltiedig â thyrchfeydd gwylanod Manaw mae'r planhigion hefyd yn cynnwys troellys y graig *(Spergularia rupicola) (Hemenophyllum wilsonii)* a llysiau'r afu *(Marchesinia mackii)*. Rhaid nodi hefyd fod y frwynen fair (Juncus *acutus*) i'w gweld yma bron yn ei man mwyaf gogleddol.

Eir ymlaen i fanylu ar yr adar a welir yma yn nythu ac yn teithio heibio wrth ymfudo.

Mae llaweroedd wedi ei ysgrifennu am Enlli ac un o'r cyfrolau diweddaraf a olygwyd gan R. Gerallt Jones a Christopher Arnold yn hynod werthfawr. I'm diben i, yn *Nhraethodydd* 1885 y cefais y stôr fwyaf gwerthfawr o wybodaeth. Cyfrannodd y Parchedig John Jones, FRGS gyfres o erthyglau diddorol tu hwnt ar Enlli sy'n ffrwyth gwaith ymchwil a wnaed pan oedd Ynys Enlli ar ei bywiocaf, yn y cyfnod diweddar o leiaf. Trigai dros 70 o bobl yno yn 1880. Mae'n amlwg fod y trigolion yn ddibynnol iawn ar y môr ac oherwydd hynny mae'r enwau ar greigiau, tyllau crancod ac ati yn niferus iawn. Y siomiant wrth gwrs yw nad oes neb heddiw all roi rhestr lawn o enwau imi, er imi holi rhai a fu'n byw ar yr ynys, ond gobeithiaf imi oresgyn hyn trwy ddilyn amryw o fapiau a rhestrau'r Parchedig John Jones. Mae ei restrau ef, rwy'n sicr, yn dilyn ar gylch yn drefnus o gwmpas yr ynys. Credaf, er y bydd yn gatalogaidd, fod y cyfan yn haeddu eu rhestru, ac ychwanegaf nodyn trwy gyfeirnod o dro i dro gan obeithio y bydd hynny'n darlunio ychydig o hanes a rhamant yr ynys. Cychwynnwn o dan Fynydd Enlli yn ei chornel ogledd-ddwyreiniol:

Ogof Morlais[1]
Ogof Pum Ceimach[2]
Ogof Robin
Bae Bach
Ogo' Felin Fawr
Ogo' Felen Fach
Ogo' Rhona[3]
Bae Felan
Ogo' Ellyll[4]
Ogo' Gwalch
Ogo' Sian Goch
Briw Gerrig[5]
Ogo' Sgairen
Braich y Ffynnon
Ogo' Braich y Fwyell
Ogo' Twll yn y Trwyn
Ogo' Gron
Cerrig Llwydion
Ogo'r Barcud[6]
Ogo' Llety Madain
Ogo'r Gaseg
Ogo' Goch
Ogo' Lom
Pen Cristin
Dôl Ysgwydd
Traeth Ffynnon
Trwyn y Fynwent[7]
Cafn Enlli[8]
Ogo' Cafn
Cwmpas[9]
Caswellt
Ogo' Morgan[10]
Rhonllwyn (Henllwyn ar fap)
Ogo' Delas[11]
Ogo' Codsyn
Ogo' Diben[12]
Pen Diben
Maen Du
Ogo' Lladron[13]
Ogof Ystwffwl Glas
Trwyn Llanciau[14]
Ogof Tylwyth Teg[15]
Porth Hocsaid
Ogo' Gwman Sion

Porth Hadog (Porth Fadog)[16]
Trwyn Dihirod[17]
Carreg yr Honwy (Rhona, Ona)[18]
Carreg Cybi[19]
Porth Solfach[20]
Ogo'r Cwm Bach
Ogo'r Gŵr[21]
Ogo' Dic
Ogo' Trwyn yr Hwch Fawr[22]
Ogo' Trwyn yr Hwch Fach
Ogof Las
Ogo' Benddu
Ogo' Hir
Maen Iau[23]
Ogof Prydd
Penrhyn Gogor
Lôn Goch
Ogo' Gwydd
Ogo' Tan Ddaear[24]
Ogo' Werbod
Ogo' Gwman
Maen Bach
Ogo'r Hen Ffrindiau
Bae yr Higol
Maen Bugail[25]
Ogo' Hen Fuwch
Ogo' Hen
Ogo' Hargo
Trwyn y Gorlech[26]
Bae y Nant
Ogo'r Nant
Heigol Borth Newydd[27]
Ogo'r Esgid
Ogo' Pwll Tarw
Pencrispin

Yn y gyfrol ddifyr *Tomos o Enlli*, mae Jennie Jones yn rhestru enwau eraill na fedraf eu lleoli. Er hynny, maent yn werth eu rhestru, pe bai ond i glywed y miwsig sydd ynddynt hwythau:

Trwyn Melynion   Ogof Wilbod
Trwyn Maen Saer   Maen Melyn
Trwyn Chwith   Twll Halen[28]
Fuddai   Trwyn Maen
Higol Pwll Du   Y Meindy Pendiban

Mi dybiwn i ei bod yn anodd iawn bellach i leoli'r tyllau crancod. Rhestrir hwy gan y Parchedig John Jones, a chan ei fod ef yn amlwg yn mynd ar gylch o gwmpas yr ynys gyda'i restr arall, teg yw cymryd fod yr un peth yn digwydd eto. Sylwer fod enwau rhai ohonynt yn disgrifio eu lleoliad neu rhyw nodwedd ynglŷn â hwy:

Trwyn y Tair Cranges   Twll Ffos Wen
Twll y Llaw Chwith   Twll Tocyn Siencyn
Twll ar ei Ben   Tyllau'r Cwplws
Twll Tan y Gwely   Tyllau Richard Hughes
Twll Llech y Bais   Twll Ogo' Wiail
Twll Tan y Fargod   Twll Robin Ogo' Ddofn
Twll Cyfyng   Twll Gaswellt
Twll Grynonog   Twll Pen Gŵr
Twll y Crochan   Twll Philws
Twll y Gryniog   Twll y Trwyn
Twll Ynys Bach   Twll Casnod Glas[29]
Twll Twm   Twll Ogo' Barcud
Twll y Garreg Felen   Twll Ebol Pen Cristin

Gallaf gynnig peth gwybodaeth ychwanegol ar rai o enwau:

[1] Ogof Morlais – Enw'r ardal hon am y pysgodyn a elwir yr hyrddyn llwyd, *grey mullet* yn Saesneg.

[2] Ogof Pum Ceimach – yr un gair a geir yma â 'cimwch' ac nid 'ceinach', sef ysgyfarnog. Dywed John Jones, FRGS nad oedd ysgyfarnogod ar Enlli.

[3] Ogo' Rhona – Gweler 18.

[4] Ogo' Ellyll – Gallwn gredu fod hud a lledrith yn chwarae rhan amlwg ym mywydau trigolion Enlli. Mae Ogof Tylwyth Teg yma hefyd.

[5] Briw Gerrig – Clogwyn caregog a fu'n achos amryw o longddrylliadau. Aeth un llong lechi ar y creigiau a defnyddiwyd ei chargo i doi tŷ Pretoria, Aberdaron.

[6] Ogo' Barcud – Tybed ai'r aderyn prin hwnnw a geir yma? Diddorol fel y mae J. Glyn Davies yn ei enwi mewn cerdd. Cyfeiriwyd ato wrth drafod Aber Geirch.

[7] Trwyn y Fynwent – Aeth llong dan gapteiniaeth taid Tomos Jones (Tomos o Enlli) yn ddrylliau yma.

[8] Cafn Enlli – 'Dyma brif borthfa'r Ynys,' meddai John Jones, a dyma'r lanfa bresennol.

[9] Cwmpas – 'Creigiau (ger y Cafn) wedi eu gosod ar ei gilydd yn rheolaidd ar ffurf cwmpas,' meddai John Jones.

[10] Ogo' Morgan – Dywed traddodiad i Harri Morgan lanio yma i guddio ei drysorau. Câi traddodiad a rhamant bob cyfle i ddatblygu faint a fynnent ar Enlli yn siŵr.

Ond tybed ai Ogof Modran yw'r ffurf gywir? Mae modran, sef plancton sy'n goleuo yn y nos, i'w weld gerllaw yng Nghafn Enlli ar ôl iddi dywyllu. Mae ei ymddangosiad yn darogan tywydd mawr.

[11] Ogo' Delas – Ai delsyg, y gwymon bwytadwy, sydd yma tybed?

[12] Ogo' Diben – Ystyr diben yw pen pellaf, a dyna ble y mae, yn y pen pellaf o'r fan lle trigai'r boblogaeth.

[13] Ogo' Lladron – Enw sy'n cynnig ei hun yn syth i'r traddodiad a fagodd Enlli o fod yn lloches i ladron.

[14] Trwyn Llanciau – Soniwyd eisoes wrth drafod Porth Ysgaden am dri mab Tyddyn Mawr yn boddi yma wrth bysgota.

[15] Ogof Tylwyth Teg – Neilltuir pennod gan Jennie Jones i sôn am fwganod a thylwyth teg a'u perthynas glòs â'r ynys.

[16] Porth Hadog (Porth Fadog) – Dywed Jennie Jones i fachgen o Borthmadog ddod i'r fan hon. Tybed ai cysylltiad â'r pysgodyn *haddock* sydd yma?

[17] Trwyn Dihirod – Cafwyd un llongddrylliad bendithiol iawn yma – llong lo yn colli ei chargo i gyd. Ond cafwyd rhyw ddigwyddiad digon erchyll yma hefyd, mae'n siŵr.

[18] Carreg yr Honwy (Rhona, Ona) – Mae sawl ffurf ar yr enw ar fapiau. Dywed John Jones:

> Gwastadedd oddeutu hanner acer o fesur ydyw hwn ac oddeutu chwarter milltir i'r môr, ar gyfer Porth Solfach, ac yn weledig yn unig ar drai.

[19] Carreg Cybi – Pa gysylltiad tybed sydd rhyngddi a Sant Cybi? Dywedir bod Cybi wedi ei gladdu yma. Mae Carreg Cybi arall ar y Tir Mawr.

[20] Porth Solfach – Man hwylus i'r môr-ladron lanio gan ei fod o olwg y Tir Mawr.

[21] Ogo' Gŵr – Eglurhad Jennie Jones:

> Y rheswm am enw'r ogof hon yw bod gŵr a gwraig yn cael ffrae yn

aml, ac i gael heddwch, i'r ogof hon y byddai'r gŵr yn mynd i guddio nes y byddai tymer y wraig wedi tawelu.

[22] Ogo' Trwyn yr Hwch Fawr – Cyfeirir ati gan J. Lloyd Jones a sonia Jennie Jones am **Ogo'r Twrch Fawr** fel lle da i ymguddio.

[23] Maen Iau – Dywed John Jones:

> Mae hwn yn y môr i'r gogledd-orllewin o'r ynys. Lle hynod ydyw am y pysgod a adwaenir fel *red cods* pa rai a ddelir yn y nos wrth olau lleuad.

[24] Ogof Tan Ddaear – Ogof hwyaf yr ynys, meddir.

[25] Maen Bugail – Cyfeiria J. Lloyd Jones ato fel Maen Bigel, llygriad o bugail. Dywed John Jones i un o'r cewri geisio neidio o Ffynnon Barfau, ar ben y mynydd, i Faen Bugail. Wrth geisio gwneud hyn suddodd ei ddau droed fel bod yma ddau dwll yn llawn o ddŵr bob amser.

[26] Trwyn y Gorlech – Ceir yr enw hwn yn Nhrefor hefyd. Ai llechi neu gerrig bychain yw ei ystyr tybed?

[27] Heigol Borth Newydd – Dyma, ddywedir, yw'r unig fan y gellir rhedeg cwch iddo ochr y Swnt. 'Gwnaed hi'n ddiweddar,' meddai John Jones.

[28] Twll Halen – I'r fan hon y deuid â halen i'r ynys pan smyglid ef yn ôl y sôn. Dywedir hefyd mai o'r fan hon y cafwyd cerrig i adeiladu'r clochdy sydd ar yr ynys.

[29] Twll Casnod Glas – Math o lysnafedd yw casnod.

Yn agos i Gafn Enlli mae **Ogof Law**. Ar drai mae yno bwll dwfn a gellir gweld y gwrachod yn nofio ynddo. Mae lle i eistedd ar ei ymyl a gellir pysgota heb wialen o gwbl, dim ond gollwng y bachyn ar lein a gwelir y gwrachod yn mynd am yr abwyd.

Un man arall sy'n haeddu sylw yw'r fan a gaiff sylw yn yr englyn hwn i Ynys Enlli:

> Hoff frodir wyt yn Ffrydiau – Caswennan,
> Cusanant fy ffiniau;
> Wyt unig yn y tonnau,
> Mur o'th gylch yw'r môr i'th gau.

Dyna un o englynion E.G. Hughes, Rhoshirwaun sy'n cyfeirio at **Ffrydiau Caswennan**. Mae **Creigiau Caswennan** hefyd ac yng ngherdd fuddugol Eisteddfod y Rhos (Rhoshirwaun) 1891, 'Goleudy Enlli' gan Gwilym y Rhos, ceir cyfeiriad diddorol at y creigiau hyn:

> Pe buasai y goleudy
> Hwn i fyny'r oesau gynt,

Cawsai llong y Brenin Arthur
A'i holl filwyr dewr a phrysur
Ddedwydd fordaith ar eu hynt;
Camgymeryd wnaeth yn sydyn,
Troi'n rhy gyflym, medd y gair,
Aeth *Caswennan* fawr yn ddrylliau,
Megis cregin ar y creigiau
Yng nghyffiniau Ffynnon Fair.

Gwennan oedd llong y Brenin Arthur ac fel yr awgrymir yn y pennill, fe'i drylliwyd yn Swnt Enlli. Aeth ffyrnigrwydd y Swnt yn drech na llong Arthur hyd yn oed.

Cyfeiriodd Iwan Edgar fi at lawysgrif David Jones, dyddiedig 1587:

Caswannan le atgas i longau rhwng Enlli a Llŷn. Yno torrodd llong i Arthur a elwid Gwennan o hynny y gelwid y lle ffrydiau Gwennan.

Ond cywira Lewis Morris ef yn 1747:

This is a mistake of Mr David Jones for *Ffrydiau Caswennan* [sic] (rightly *Goffrydiau Caswennan* [sic]) lie between *Ynys Enlli* and the Channel and is a great overfall. . . . It has been shown to me by the natives of Lleyn and Bardsey in my survey of the Coast.
Lewis Morris.

Yn siart fôr y llynges 1896, i'r de-orllewin o Enlli y mae '*Caswennan Rocks*'.

Mae gwaith ymchwil a gyhoeddwyd yn ddiweddar yn y gyfrol *Journey to Avalon* yn dadlau'n gryf mai ar Ynys Enlli y claddwyd y Brenin Arthur. Nid oes sôn yn y llyfr hwnnw am ddrylliad Gwennan yn y Swnt. Byddai hynny'n cryfhau'r ddadl. Dywedir yn *Ffordd i Enlli* (Gwilym T. Jones) mai gair a ddefnyddid gan y Llychlynwyr yn wreiddiol yw Swnt, ond mai Ffrydiau Caswennan a ddefnyddid gan yr hen Gymry. Gellir torri'r ddadl efallai trwy fod y rhagddodiad 'go' yn golygu 'o dan', ac felly fod y Goffrydiau islaw'r Ffrydiau. Mae Ffrydiau Caswennan yn y Swnt a Goffrydiau Caswennan i'r de-orllewin o'r ynys.

Rhestrir nifer helaeth o longau a aeth i drafferthion o gwmpas yr ardal hon ac ar greigiau Enlli gan Ivor Wynne Jones yn ei lyfr ar longddrylliadau gogledd Cymru, ond ychydig a wn amdanynt. Ni cheir fawr o hanesion diddorol na baledi amdanynt. Crybwyllir amryw yma ac acw ond yma cyfeiriaf at un yn arbennig. Adeiladwyd goleudy ar Enlli mewn blwyddyn union, yn sgwâr ac yn drigain troedfedd o uchder, a'i agor yn 1821. Bu'n gymorth mawr i'r llu llongau a hwyliai heibio ac ychwanegwyd corn Enlli yn 1878 ar gyfer tywydd niwlog. Roedd cwch yn perthyn i'r goleudy, y *Supply*, a oedd ar y dydd olaf o Dachwedd y flwyddyn honno yn dychwelyd i Enlli gydag ugain ar ei bwrdd yn cynnwys y capten, Thomas Williams, a'i ferch. Cychwynasant o Borth

Meudwy a hithau, medd Ieuan Llŷn yn ei alarnad, yn stormus. Cawsant gysgod wrth gychwyn ar eu taith:

> Penyccil iddynt fu gysgodol,
> Orllewinol noddol nawdd,
> Deheuol safn y Swnt cyrhaeddant
> Heibio hwylient – ni bu hawdd.

Wrth nesu at Enlli aeth pethau o ddrwg i waeth:

> Hyd rhaff angor prin oedd rhyngddo
> Fo a glanio yn ei le,
> Pan mae cymysg derfysg dirfawr
> T'rawodd lawr ar graig fawr gre'.

Boddwyd chwech, gan gynnwys y capten a'i ferch.

Argraffwyd y gerdd hon ac mae gennyf gopi gwreiddiol ohoni. Hoffaf yn arw yr hyn a ysgrifennwyd ar gefn y ddalen, sydd yn enghraifft o ddyn busnes yn manteisio i'r eithaf ar ddeddf hawlfraint i hysbysebu:

> Argraffwyd gan H. Humphreys, Caernarfon.
> Cyhoeddir gan Griffith William Jones, Hebron.
> Pwy bynnag a argraffo yr Alarnad hon heb gael ganiatad Griffith Wiliam Jones, *Grocer & Draper, Dealer in boots, shoes, leather, oil, paints, twine, ropes, glasses, ground and sheet glass,* Hebron a fydd yn agored i gael ei gosbi.

Ni allwn droi cefn ar Enlli heb sylwi ar dri phennill arall o waith Gwilym y Rhos i 'Bysgod Enlli', (dyddiedig 1873):

> Wrth greigiau mawreddog môr Enlli
> Mae lluoedd i'w weled o bysg,
> Ceimychiaid a gwyniaid a glasin,
> A chregin myherin 'n eu mysg;
> Seguriaid, crwbaniaid a chrancod,
> A ddelir yn hylldod ar drai,
> Er cymaint a godwyd o'r genlli,
> Nid ydyw pysg Enlli ddim llai.

> Y cwd-coch, y mecryll a'r gyrnaid
> Llysywod, mingryniaid mewn gro, –
> Llymriaid, howlesod, a'r cathod,
> Ni welwyd gwell pysgod mewn bro:
> Chwidliniaid, morleisiaid a'r lwdlaid,
> Draenogiaid, penbyliaid yn stor,
> Torbytiaid sy'n lluoedd wrth Enlli
> Yn chwarae dan genlli'r dwfn fôr.

Morgyllill, picydiaid, gwelleifiaid,
Y llymeirch, a'r cocos, a'r cŵn,
A'r llu cregin gleision ysblennydd,
Er siomiant daw'r pibydd a'i sŵn:
Coelengau, y 'cod ffish', cleiriachod,
Y gwrachod a'r lledod tra llwyd,
A gleisiaid, a phenwaig yn ffynu
Mae rheiny'n dra gwerthfawr yn fwyd.

Tybed faint o'r rhain sy'n gyfarwydd i'r pysgotwyr mwyaf profiadol? (Gwelir atodiad am enwau pysgod yng nghefn y gyfrol hon.)

Bellach nid oes gwylwyr yng ngoleudy Enlli, ond deil i fflachio'n wyn yn awtomatig bob chwarter munud, yr un mor rheolaidd ag erioed.

I Borth Ysgo

Croesi'r Swnt yn ôl i gyfeiriad Mynydd Gwyddel a chychwyn ymlaen o **Borth Felen**. Yno mae **Ogof Bob Tywydd** a rhagor o enwau swynol megis **Trwyn Pared Llech Menyn**, a chreigiau allan yn y môr o dan ddŵr tenau a elwir yn **Ffliws**. Wrth nesu at Aberdaron deuwn at **Drwyn Cae Crin (Trwyn Comis)** a **Thrwyn Bychestyn** a rhyngddynt ceir y **Ffynhonnau**. Yn y graig uwchlaw **Maen Morleisiad** mae **Tŷ Mair (Tŷ Mynach)** sydd yn ogof ac iddi fynedfa o'r môr ac o'r allt uwchben. Ynddi mae 'bwrdd' carreg a hwnnw'n union fel pe bai wedi ei gario i mewn iddi, er bod y fynedfa yn llawer rhy fychan! Yn y môr ar gyrion y Swnt mae'r **Garreg Ddu**. Rydym yn awr ar dir yr Ymddiriedolaeth Genedlaethol ac ar ben gelltydd serthaf Llŷn – y **Parwyd**, enw yr ydym yn fwy cyfarwydd ag ef yn ei ffurf luosog, parwydydd, ond a ddefnyddir yn gyffredin yma ac ar Drwyn Cilan am graig serth iawn.

Yn 1794 priodwyd dau o'r ardal ac aethant i fyw i Dŷ'n Lôn, Uwchmynydd, gerllaw'r Parwyd. Ymhen rhai blynyddoedd blinwyd hwy gan ddrychiolaeth, ond pan ddarllenid darn o'r Ysgrythur byddai'r ddrychiolaeth yn cilio i gyfeiriad y Parwyd ac yno y byddai'n hofran cyn diflannu. Canlyniad hyn fu i'r pâr ifanc ymadael a mynd i fyw i Rhwng Ddwyborth, plwyf Bodferin. Yn yr ardal, yn 1801, gollyngwyd peilot o long ar greigiau Grepach. Roedd yn feddw iawn ond rhywsut llwyddodd i gyrraedd pen y clogwyn a mynd i gysgodi mewn corlan ddefaid. Yn y bore bach, a hynny cyn sobri, ceisiodd anelu am ei gartref ond aeth i'r cyfeiriad anghywir a diflannodd dros y dibyn ac i'r môr. Dywed Myrddin Fardd mai'r enw addas ar y fan hon yn ei amser ef oedd **Pared Gallt Uffern**

am ei bod megys yn erchwyn i'r cyfyngfor tonog ac enbydus y sy rhyngddi ag Ynys Enlli.

Rhan o'r Parwyd yw'r **Ceiliog**. Ymlaen wedyn ac at y **Maen Llwyd**, **Trwyn Crych**, **Ogof Eural** a **Ladies y Pen** lle gwelir yn glir o'r môr siâp dwy ddynes ar gefn ceffylau yn y graig. Dyma, meddai Evan John Williams, le da i bysgota ac i ddal howlesod – un o'r pysgod a enwyd yn y gerdd pan drafodwyd pysgod Enlli. Dyfynnodd 'Yn hwylus am howlesod' wrth sôn am hyn.

Gellir cerdded ar **Ben Parwyd** a **Phenycil** – **Pen y Cil** ar fap a **Penyckil** yn amser Lewis Morris. Dyma fan arall sydd bellach, fel llawer o dir arfordirol Llŷn, yn eiddo i'r Ymddiriedolaeth Genedlaethol ac sydd wedi ei ddiogelu ar gyfer y dyfodol.

Yn y gyfrol *Medieval Welsh Society* dywedir ei bod yn ofynnol i bob tenant yn abadaeth Enlli a oedd yn berchennog ceffyl i gario dau lwyth o gaeau ar fferm **Llys y Cil** fel rhan o'u cytundeb. Ardal yn y gornel hon o'r penrhyn oedd **Y Cil**.

Wrth adael Pen y Cil wynebwn Aberdaron ac awn heibio **Llech Grainc** ac **Ogof Morgan**. Ceir Ogof Morgan ar Enlli a chysylltiad, meddid, â môr-ladron. Mae traddodiad, meddai Griffith Jones, fod Morgan, y môr-leidr hwn, wedi ceisio crogi ei hun ond fe fethodd, a chollodd ei wallt i gyd. Dyfynnodd rigwm:

Morgan a safiwyd a grogwyd 'n o lew,
Yn sgubor Pwll Defaid y collodd o'i flew.

Yn yr unfed ganrif ar bymtheg roedd Ynys Enlli yn eiddo i Syr John Wyn ap Huw o Fodfel ac yn 1569 dygwyd cyhuddiad yn ei erbyn gerbron Llys y Seren pan ddisgrifiwyd ef fel 'pen capten peiratiaid Enlli'. Ei ben swyddog oedd William Morgan a âi â'i ysbail i'w werthu i farchnad Caer. Dichon mai ef yw'r un y cyfeirir ato yn y rhigwm uchod.

Awn heibio **Carreg Pobl Enlli**, **Henborth**, **Ogof Newydd** ac at **Borth y Pistyll** neu **Drwyn Dwmi**. Bu yma waith sets a elwid yn **Chwarel Porth y Pistyll** ac er bod cynlluniau uchelgeisiol ar y gweill, fel codi tai a chapel i'r gweithwyr, ni chafwyd llwyddiant. Mae muriau cadarn adeilad y cychwynnwyd ei godi mewn perthynas â'r gwaith i'w gweld heddiw. Adeiladwyd glanfa yn y môr hefyd ond nis defnyddiwyd. Cafwyd damwain angheuol yno yn y tridegau pan laddwyd Robert Evans, Dynfra, Aberdaron.

Gerllaw mae **Craig Cwlwm** a **Phorth y Gloch**, neu **Borth Yclo** ar lafar. Y stori a glywais am Borth y Gloch yw fod cloch abaty Bala yn cael ei chludo i ddiogelwch Ynys Enlli yn y cyfnod pan ddinistriwyd y mynachlogydd. Ond wrth nesu at Ben y Cil syrthiodd y gloch i'r môr ac er ceisio ei chodi yn ôl i'r cwch, ni ellid ei symud. Methwyd yn lân â'i chodi oddi yno a rhaid fu ei gadael ar wely'r môr. Dyna darddiad y dywediad 'mor sownd â chloch y Bala'. Mae'r **Allt Wenith** gerllaw ac **Ogof Deuddrws**. Gellir hwylio efo cwch i mewn trwy un fynedfa i'r ogof hon ac allan trwy'r llall.

Mae'r lle nesaf, **Porth Meudwy**, yn un o borthladdoedd bach enwocaf Llŷn. Ni chrybwylla David Thomas y fan hon fel un o'r mannau y mewnforid ac yr allforid ohono'n lleol. Ond eto, oddi yma y cychwynnai'r pererinion ar eu taith ar draws y Swnt i Enlli, a natur encilgar y rhain a roes iddo'r enw. Yn ddiddorol, crybwylla J. Lloyd Jones Borth Meudwy wrth drafod ffermydd cyfagos sy'n dwyn yr enw Bodermid, gan mai yr un elfen sydd yn hwn â'r ffurf Saesneg *hermit*.

Ymwelodd Thomas Pennant â Phorth Meudwy yn nechrau'r bedwaredd ganrif ar bymtheg a disgrifiodd y man fel 'lle cyfleus iawn i bysgotwyr, a noddfa ddiogel rhag stormydd'.

Nesáu ychydig eto at Aberdaron a gwelir **Ynys Piod** sy'n dynfa i biod môr. Rhyfedd mai'r enw hwn a ddefnyddir am yr aderyn yma, gan mai saer y'i gelwir yn gyffredin yn Llŷn. Yna mae **Traeth Llan**, **Trwyn Cam** a'r **Bwrdd Mawr** a dyma ni wedi cyrraedd **Traeth Aberdaron**. Gelwir rhan ddwyreiniol y traeth yn **Borth Samddai** neu **Simdde**. Yma ar yr allt mae murddun a dywedir mai hwn oedd y 'bwthyn unig' a chwenychai Cynan neilltuo iddo. (Gweler y gyfres 'Bro a Bywyd' – *Cynan*).

I'r môr yma y llifa **afon Saint** o'i tharddiad ar ochr Anelog gerllaw olion Capel Anelog a'r fan lle darganfuwyd cerrig beddi o'r oesau cynnar. Mae'r enwau yn yr ardal hon yn creu rhyw gwlwm tynn rhyngom a'n gorffennol, gydag enwau'r afonydd, caeau, tyddynnod a chreigiau yn glynu yn y gorffennol rhamantus pell. Ychydig yn nes at y môr na Phont Afon Saint cloddiwyd mwynau mewn mwynglawdd a elwid yn **Waith Pompren** yn niwedd y bedwaredd ganrif ar bymtheg a dechrau'r ugeinfed ganrif. Codwyd glanfa gref yma ar y traeth, er y dywedir na ddefnyddiwyd hi erioed. Mae peth o'i hôl i'w weld o hyd. Daw **afon Daron** i'r traeth ychydig ymhellach i'r dwyrain a hithau wedi llifo o ochrau'r Rhiw a Bryncroes a rhoi ei henw i'r pentref. Ymuna **afon Cyll y Felin** â hi cyn iddi gyrraedd y môr. Roedd cred y byddai prisiau'r farchnad yn uchel mewn blwyddyn pan fyddai'r afon yn llifo ar draws y traeth ac i'r môr yng nghyffiniau Porth Samdde, hynny yw yn y gorllewin, ond os symudai i'r dwyrain yna byddai'r prisiau yn ansefydlog.

Hywyn yw sant eglwys Aberdaron, un o'r seintiau Llydewig a ddaeth gyda Cadfan i Lŷn ac i Enlli. Ger Ffynnon Saint roedd carreg fawr wastad a elwid yn **Allor Hywyn**. Yma yr arferai'r mynaich ymgasglu i gynnal gwasanaethau. Ffrwydrwyd y garreg flynyddoedd lawer yn ôl.

Fel ym mhob traeth tywodlyd prin iawn yw'r enwau a geir yma, dim ond ambell garreg yma ac acw yn dwyn enw arwyddocaol, megis **Carreg y Ring**. Bu arni ddolen rhyw dro ar gyfer clymu llongau. Yn *Porthmadog Ships* cyfeirir at adolygiad o waith J. Glyn Davies lle mae'n trafod dulliau o ddadlwytho calch ar y traethau. Eglura fel y byddai llongau calch a glo yn dod i'r lan ar draeth tywodlyd, megis Aberdaron, ar ben llanw. Clymid y llong wrth ddolen ar graig ar y traeth fel y gellid ei dadlwytho. Deuai'r troliau i nôl y calch ar drai a byddai'r llong yn barod i adael pan ddeuai'r môr i mewn unwaith eto. Ceid trafferth i gael y llong yn ôl i'r môr pe bai wedi glanio â'i thrwyn i'r tir, felly wrth ddod i mewn byddent yn ei chlymu wrth y ddolen dros yr ochr nid dros y tu ôl. Byddai wedyn yn haws i'w throi yn ôl i'r môr wrth hwylio ymaith.

O dan y fynwent mae Carreg y Ring ac ni welir hi ond ar ddistyll. Draw ar y traeth hefyd gwelir **Carreg Oistars** – lle da, mae'n siŵr, am lymeirch. Mae **Carreg y Meudwy** yma sydd yr un siâp yn union ag Enlli. Honnir mai awyrfaen *(meteorite)* ydyw, er nad oes daearegwr wedi profi hynny. Yma hefyd mae **Carreg Gyfrwy** a fu unwaith yn gorwedd yn y tywod a'i ffurf yn union fel cyfrwy. Nid yr un siâp sydd iddi bellach a honnir yn lleol fod y môr wedi ei throi ar ei phen i lawr yn y tywod! O dan y fynwent hefyd y ceir y **Banc Sidan**.

Yn eglwys Aberdaron y cafodd Gruffudd ap Rhys seintwar rhag milwyr Gruffudd ap Cynan, ei dad-yng-nghyfraith. Llwyddodd wedyn i ddianc rhagddo i Ddyffryn Tywi.

Deuai llongau masnach i Aberdaron yn y dyddiau pell hynny a daeth yn borthladd pysgota penwaig o gryn bwys. Dywedir y byddai gwraig o Uwchmynydd, yn y bedwaredd ganrif ar bymtheg, yn mynd o gwmpas y ffermydd i gasglu wyau ac yna'n mynd â hwy i Aberdaron a'u hanfon yn slŵp y teulu i Lerpwl i'w gwerthu.

Aeth llong yn ddrylliau yma yn 1752. Sgwner o'r enw *John the Baptist* ydoedd ac arni lwyth o geirch ar daith o Wexford i Lerpwl.

Gelwir y fan lle mae'r ffordd yn terfynu ger y môr yn **Ben yr Odyn**, yn arwydd siŵr fod calch yn cael ei fewnforio yma a'i losgi yn yr odyn. Darllenais fod Sgweiar Nanhoron yn 1906 wedi rhoi'r tir lle safai'r odyn i'r plwyf er mwyn helaethu'r fynwent. Yr hyn sy'n anodd i'w gysoni yw fod gwesty Tŷ Newydd rhwng y fynwent a'r fan a adnabyddir yn lleol fel Pen yr Odyn.

Bu Aberdaron hefyd yn lloches i smyglwyr, fel amryw o'r porthladdoedd eraill o gwmpas Llŷn. Mae David Thomas yn dyfynnu o lythyr capten y *Cutter*, Llong y Cyllid ym mis Mai 1767:

Ar y pumed o'r mis hwn, angorodd slŵp gan tunnell ym Mae Aberdaron gyda'r hwyr, a daeth deg o wŷr i'r lan, a chleddyfau a llawddrylliau ganddynt, a chynnig brandi a the ar werth. Dywedent mai o Ffrainc y daethent, ond ni werthent lai na deg casgen o frandi a chist o de, a gofyn decpunt amdanynt. Trannoeth, taniwyd gwn ar fwrdd y llong gyda'r nos i alw'r dynion yn eu holau, ac yna hwylio am lannau Aberteifi a gwerthu eu cargo yno, yn ôl fel y clywsom.

Un o'r prif smyglwyr halen oedd Huw Andro, brodor o Lanfaelrhys. Dywedir iddo unwaith fynd i Iwerddon, lle'r oedd halen yn ddi-doll, a phan aeth ei gyd-deithiwr i ryw dŷ i werthu halen, roedd dyn yno a gredai ei fod wedi ei witsio. Dywedwyd wrth hwnnw y gallai Huw Andro ei wella. Galwyd ar Huw i'r tŷ ac adroddodd y pennill hwn uwchben y claf, fel geiriau hud:

Mi ddois i yma o wlad bell,
Os nad ei di'n waeth, 'nai m'onot yn well;
Cawn i olwg unwaith ar Fynydd y Rhiw,
Waeth gen i di'n farw mwy nag yn fyw.

Pan ddychwelodd i Iwerddon i gael rhagor o halen cafodd groeso twymgalon gan fod y Gwyddel wedi gwella'n llwyr.

Roedd cynllun arbennig i gychod Aberdaron; cychod dau flaen oeddynt, fel yr un a gaiff sylw J.T.W. yn ei gerdd 'Cwch Dau Flaen fy Nhad':

Mae'r lle y magwyd fi
I'w gael yn Aberdaron,
A'm hadgof mwyaf byw
Yw cwch fy nhad sef *Salmon*;

Hen gwch a holltai'r don ar daen,
Hen gwch oedd *Salmon* â dau flaen.

Hen deulu Enlli i gyd
Edmygent gwch fy nhad,
A thybient nad oedd cwch
Cyffelyb yn y wlad;
Am 'weddro tywydd' gwaetha'i raen
A'i fantais ydoedd ei **ddau flaen**.

Er bod bri Aberdaron fel llawer man arall wedi tawelu bellach, mae'r dynion lleol yn dal yn frwdfrydig dros y regata.

Wrth nesu at gwr dwyreiniol Traeth Aberdaron deuwn at **Y Wig, Wig Bach, Ogof Ddeuddrws** (un arall), **Llech Cranc** a **Thrwyn Llech**. Yn y môr i gyfeiriad Porth Meudwy o Lech Cranc mae **Carreg Allan**. Yna gwelir **Trwyn y Penrhyn** ym mhen dwyreiniol y bae, y fan y dymunai T. Rowland Hughes eistedd oddi tano i greu ei gampwaith, yn ôl ei gerdd:

Dan drwyn y Penrhyn a'r wylan a'i chri
Yn troelli uwchben mi eisteddwn i

Nosweithiau hirion nes llithio bob lliw
Ynysoedd Gwylan a'r tonnau a'r Rhiw.

Ond wrth gwrs, 'wêl neb mo Enlli' o'r fan hyn.

Sonnir hefyd yn y gerdd 'Pe bawn i yn artist' am **Ynysoedd Gwylan**. Mae dwy ohonynt, y **Fwyaf** a'r **Lleiaf**, yn gorwedd yn urddasol yn y bae. Dynodwyd y rhain yn Safleoedd o Ddiddordeb Gwyddonol Arbennig ar sail eu harbenigrwydd fel mannau nythu i'r palod yn ogystal â'r bilidowcar, y llurs a'r gwylog. Ar yr ynys leiaf ceir **Plas Deryn** a **Llyw yr Ynys Fach**, sef y trwyn agosaf i Enlli. Mae cilfachau **Ogof Hwyaid** yn wynebu Aberdaron a **Heuwal yr Ynys** yn fan cysgodol. Ar yr Ynys Fwyaf ceir **Trwyn yr Ynys Fawr**. Pan oedd fy ewythr Robert Owen yn gweini yn fferm Cadlan cyn y Rhyfel Byd Cyntaf, arferai fynd â defaid i'r ynysoedd ar ddechrau'r haf a'u gadael yno i bori. (Fferm Cadlan yw'r union fan y credir bellach yr ymladdwyd Brwydr Camlan, lle'r anafwyd y brenin Arthur cyn ei gludo i ddiogelwch Afallon ar Ynys Enlli.)

Pan fo'r pysgotwr eisiau abwyd, hawdd iawn ganddo osod cefnen, sef *long-line*, ger **Creigiau Bwrw Gwmwd**. Yno, meddai Evan John Williams, mae dŵr tenau ac eglurodd pa rai oedd y marciau i ddod o hyd i'r fan. Rhaid cael Morfa Bach mewn llinell efo Trwyn y Penrhyn o un cyfeiriad a chael Trwyn yr Ynys Fawr, Trwyn Pen y Cil a thrwyn gogleddol Enlli i ganlyn ei gilydd o gyfeiriad arall. Diddorol clywed am y fath fanylder a ddefnyddir. Dichon fod gan bysgotwr arall farciau gwahanol a'r rheini wedi eu trosglwyddo o un genhedlaeth i'r llall.

Noddfa i gwningod oedd yr ynysoedd yn amser William Jones, y basgedwr o Dy'n y Ffordd, Penycaerau a luniodd y rhigwm hwn:

Ynysoedd Gwylan gwelais hwy
A golwg brydferth ar y ddwy
Yn gadarn ar eu sail;
Lle mae cwningod o bob rhyw,
Heirdd o lun ac amryw liw
Yn pesgi ar eu dail.

Fel y mae un penrhyn yn dilyn y llall yn Llŷn, cefnwn ar un ardal neu fae a wynebu un arall. Ffarwelio ag Aberdaron ac Enlli a'i gwneud hi am Benycaerau a'r Rhiw. O'n blaen yn awr mae un o rannau prydferthaf yr arfordir i gyd ac mae hynny'n ddweud go fawr wrth sôn am benrhyn sydd mor gyfriniol ei olygfeydd.

Wrth gefnu ar Drwyn y Penrhyn ceir **Cerrig Goch, Ogofeydd Gwymon (Ogofeydd Gwynion** ar y map) ac oddi ar **Drwyn Gwningar** ceir yr **Ebolion** cyffredin a **Higol y Gamlas**. Dywedir mai lle ardderchog i bysgota gwrachod oddi arno yw **Carreg Cybi**. Gerllaw mae cysylltiad mynachaidd eto, sef **Ogof Lludded**, yn swatio yng nghesail **Trwyn Bychestyn**. Roedd Lludded yn un o ddilynwyr Cadfan, abad cyntaf Enlli. Ymhlith ei gydweithwyr roedd Padarn, Baglan, Maelrhys, Hywyn a llawer o enwau cyfarwydd eraill. Dywed hanes fod Lludded yn diflannu ar ei ben ei hun i weddïo. Roedd y fangre yr âi iddi yn ddirgelwch i'w gyfeillion a pharodd Baglan, ei frawd, i Hywyn fynd i chwilio amdano. Tybed ai i Ogof Lludded yr enciliai? Pan fu farw Cadfan, penodwyd Lludded yn abad Enlli. Mae Ffynnon Lludded a Bryn Lludded ym mhlwyf Bryncroes a deallaf hefyd fod Gerddi Lludded ar Ynys Enlli.

Enw hynod iawn yw **Mainc Hen Bannwr**. Beth yw ei darddiad? Oes rhywun a all ddweud? Yn dilyn y rhain cawn **Draeth Dŵr Budur, Ogof y Fuwch Goch, Ogof y Myn, Ogof Morlo, Ogof Lwyd, Yr Hen Gloc** a **Chloc Cidwm**.

O dan Allt y Bryn y ceir Cloc Cidwm ac yma yn 1868 aeth llong a gariai goed yn ddryliau. Gellwch fentro fod y trigolion lleol wedi cael helfa dda a bu hyn yn destun cân i William Jones, Ty'n y Ffordd:

Daeth y llong o wlad y Saeson
   Meddant hwy,
I ddangos lle'r oedd lladron
   Meddant hwy,
Roedd tri o lanciau'r Morfa
A dau o Gadlan Isa,
Ag Evan Nant oedd gartra
   Meddant hwy,
Yn cario coed ei ora
   Meddant hwy.

Ei llwyth oedd planciau ffawydd
Meddant hwy,
Yn ddigon hwylus beunydd,
Meddant hwy,
I wneuthur amryw betha'
Cadeiriau neu lidiarda,
Da lesol at balisau,
Meddant hwy,
O fûdd i'r cymdogaetha,
Meddant hwy.

Aiff ymlaen yn hamddenol ddifyr gyda rhyw esgus o ddwrdio yn y pennill olaf:

Peth od yw gwanc dynoliaeth,
Meddant hwy,
'Does derfyn ar eu bariaeth,
Meddant hwy,
Pan welsant hwy gyfleusdra,
Dangosant eu hen gastia,
Bob amser gyda'r glana,
Meddant hwy,
Mewn anffawd gyda'r llonga;
Meddant hwy.

Cafwyd **Carreg Chwislen** ym Mhorth Dinllaen, a dyma un arall eto yn ymyl **Maen Gwenonwy** (**Maen Goronwy** medd rhai ar lafar). Dywedir mai enw ar y blodau a adnabyddwn ni fel lili'r dyffrynnoedd yw gwenonwy, enw addas iawn yn wir o gofio prydferthwch yr ardal. Difethir y darlun, fodd bynnag, gan hanes merch a syrthiodd o ben y graig a boddi yma ar ddechrau'r bedwaredd ganrif ar bymtheg. Tybed a dyf y blodau o fewn cyrraedd?

Neu beth am yr eglurhad arall? Dywedir bod Gwenonwy yn fam i Hywyn, sant eglwys Aberdaron. Dyna unwaith eto glymu dau le a dau enw yn yr hen, hen amser.

Porth Cadlan ddaw nesaf gyda **Tin Hen Long**, **Carreg Wil Pencae** a **Buddai Pwll Cŵn** a gafodd yr enw am fod sŵn y tonnau yn y creigiau yma yn curo fel buddai wrth gorddi.

Porth Ysgo sy'n dilyn gyda'i olion diwydiannol, dieithr i Lŷn. Bu cryn fri yma yn ystod y Rhyfel Byd Cyntaf pan allforid y manganîs a gloddid o'r gelltydd cyfagos. Mae sôn fod y Rhufeiniaid wedi bod yn cloddio yma ganrifoedd ynghynt, gan ddefnyddio'r mwyn i lifo dillad. Yn niwedd y bedwaredd ganrif ar bymtheg ailddechreuwyd cloddio ym Mynydd y Rhiw ac i lawr **Nant y Gadwen** i gyfeiriad Porth Ysgo. Câi'r mango o'r Rhiw ei gario mewn troliau at ffrwd lle byddai'r gwragedd yn ei olchi. Yna eid ag ef mewn ceir llusg i Borth Neigwl i'w lwytho ar longau. Pan sylweddolwyd fod galw am y mango, rhedwyd weiar-rôp i lawr i lanfa a godwyd wrth ymyl y Graig Ddu, o dan y Garth ym Mhorth Neigwl. Yn ystod gaeaf 1910-11 dinistriwyd y lanfa ac ni atgyweiriwyd hi wedyn. Codwyd glanfa ym Mhorth Ysgo hefyd a rhedwyd rheilffordd i lawr ati o Fynydd y Rhiw. Yn nechrau'r ganrif roedd ardal y Rhiw yn cynhyrchu 90% o fanganîs gwledydd Prydain, gan gyflogi hyd at ddau gant o weithwyr. Bu unwaith fwriad i ymestyn y rheilffordd o Bwllheli i'r Rhiw, ond ni pharhaodd y bri. Ailagorwyd y mwynfeydd yn ystod yr Ail Ryfel Byd i'w cau'n derfynol ym mis Rhagfyr 1945.

Roedd dŵr yn peri trafferthion yn y mwyngloddiau a galwyd ar ddynion o Ganada i ddod i geisio datrys y broblem. Ychydig o lwyddiant a gafwyd er iddynt dyllu i mewn i'r siafftiau o'r allt. Galwyd y twll hwn yn **Dwll Canadians**.

Ym Mhorth Ysgo mae craig yn dwyn yr enw **Carreg y Ring** oherwydd fod arni hithau, fel aml un arall, ddolen i glymu llongau wrthi. Mae **Pistyll y Gaseg** yn rhaeadru i lawr o ben yr allt i draeth caregog tawel. Ceir **Pwll y Gaseg** yma hefyd yn yr un rhan o'r traeth.

Ym mhen dwyreiniol Porth Ysgo ceir **Porth Alwm** – **Porth Alm** ar lafar – ac i'r lle hwn y rhed Nant y Gadwen. Gwelir trwyn bychan ar y map yn gwahanu Porth Alm oddi wrth Borth Ysgo. Dyma'r **Trwyn Coch**. Yng nghwr dwyreiniol Porth Ysgo ceir **Carreg Oswald**.

Mewn llythyr yn *Llanw Llŷn* rai blynyddoedd yn ôl, ceir dyfyniadau gan Edgar Morris, Mynytho, o ddyddiadur ei daid, Griffith Thomas a fu'n gweithio ar y lanfa yma yn y 1920au. **Nant y Gadfan** ac nid Gadwen a ddefnyddir ganddo ef. Mae gweld yr enw Cadfan yn gwneud i ddyn holi ai cyfeiriad sydd yma at abad Enlli?

I Borth Ysgo y daeth y *Bristol* o Gasnewydd – brig a gariai lwyth o haearn – i ddiweddu ei thaith ychydig cyn Nadolig 1819. Ceir baled gan Ieuan Llŷn i'w choffáu: 'Galar-gân yn cynnwys hanes alaethus am y Llongddrylliad y brig Bristol o Gaerlleon: William Williams, Llywydd':

Bro Llanfaelrhys a'i thrigolion,
Hwy sy' dystion o sad waith,
Ym Mhorth Ysgo, a wnaeth cryfdwt
Gwynt a chynwr' llifddwr llaith.

Manylir ar ei chargo ac fe amheuir ai hwn fu'n gyfrifol am y llongddrylliad:

Ei llwyth oedd haiarn, crynion folltau,
Goreu darnau o Gaerdydd
I'w dadlwytho yn nhre Lerpwl
Oes i feddwl – sy' – a fydd,
Mai dyna'r achos i gylchnodwydd
Eu harweinydd, ddydd y daith,

Dueddu i'r ddwyreiniol ddryghin
Yn lle at hin gorllewin llaith.

Aeth yn gaeth ar y creigiau a gadawodd y capten a'i griw o chwech (a oedd yn cynnwys ei fab) mewn cwch bychan. Ond trowyd hwnnw a boddwyd y cyfan ac eithrio un. Cyfansoddwyd cerdd goffa arall i'r Parchedig William Williams gan L. Humphreys o Gaernarfon.

Sant arall a ddaeth o Lydaw yn y canrifoedd cynnar oedd Maelrhys, cefnder i Cadfan a Hywyn. Yma yn Llanfaelrhys y ceir yr unig eglwys yng Nghymru a sancteiddiwyd iddo. Ar y ffin rhwng plwyfi Llanfaelrhys a'r Rhiw ar ddechrau'r ugeinfed ganrif roedd dau faen hir, un ar ei draed ac un ar ei orwedd. Dyma Ladron Maelrhys. Dywedir bod dau gnaf wedi lladrata arian o Eglwys Llanfaelrhys. Fe'u herlidwyd ac wrth iddynt groesi o un plwyf i'r llall disgynnodd barn Duw arnynt a'u troi'n ddwy golofn ithfaen.

O'r Rhiw i Aber-soch

Wrth nesu at y Rhiw a dod i gysgod Mynydd Penarfynydd cawn **Borth Llawenan**. Dyma fan arall sydd wedi ei enwi i goffáu sant, sef Llywen, un arall o ddisgyblion Cadfan. Ychydig a wyddys amdano. Nid oes eglwys i'w goffáu ond mae nant yn dwyn ei enw yn Nantglyn. Yn ogystal â'r porth hwn yn Llŷn ceir Llywenan ym Môn hefyd.

Y penrhyn sy'n ymddangos fel pe bai'n estyniad o Fynydd y Rhiw ac sy'n disgyn yn serth i'r môr yw **Trwyn Talfarach**. Yr un yw tarddiad yr enw hwn ag enw ffermydd Barach Fawr a Barach Fach ym mhlwyf Llangïan, yn ôl J. Lloyd Jones. Dywed mai'r gair Gwyddelig am le yn llawn llwyni neu trwynfain a geir yma. Mae yma le da iawn i bysgota. Wedi cyrraedd i elltydd **Penarfynydd** a **Bytilith** ac edrych i'r dwyrain eto fe wynebwn ehangder Porth Neigwl gyda Thrwyn Cilan yn ei ben draw a mynyddoedd Meirionnydd tu hwnt. Cred J. Lloyd Jones fod yr enw Bytilith yn tarddu o 'Bod-ddiwlith' gydag ail elfen y gair yn dod o diwlith, sef y rhedynen gwallt y forwyn. Cawn yma hefyd **Ogof Hilus** a oedd, meddai Myrddin Fardd, ar fin y môr ar dir Tŷ Croes. Awgryma ef y byddai Ogof Malurion cystal eglurhad â'r un ar ei henw.

Nid oeddwn yn dawel fy meddwl fy mod wedi llwyddo i gasglu'r holl enwau rhwng Trwyn Talfarach a thraeth Porth Neigwl, felly gofynnais i Tecwyn Jones, Berwyn, y Rhiw geisio casglu rhagor. Ni chefais fy siomi gan iddo holi yma ac acw, a chynyddodd fy rhestr o bedwar i bedwar ar ddeg, a gwyddom fod rhai enwau yn dal heb eu cynnwys a llu wedi mynd i ebargofiant.

Llifa ffrwd o ddŵr haearn o'r **Rhwd Goch**, allt y tu draw i Drwyn Talfarach, a heb fod ymhell mae **Hen Ddinas, Pwll Glas a Chil Dena'**. Ceir bae bychan ym **Mhorth Iwrch**. Os mai dyna'r ffurf wreiddiol ar yr enw, yna gellir casglu i'r iwrch, sef un o'r ceirw lleiaf, fod yn cartrefu yma ar un adeg. Gerllaw mae **Trwyn Mulfran** a **Thraeth Bytilith** ac ymhellach ymlaen ceir **Bae'r Ogo'** neu **Hen Ogo'**, **Porth Glas** a'r **Hirdrwyn**. Ar yr allt gerllaw mae'r **Llynnoedd**, er bod un ohonynt bellach wedi sychu. Soniwyd eisoes am y **Graig Ddu** – yma y codwyd y lanfa manganîs. Ger ei gweddillion mae lympiau o glai gyda chalch ynddynt sy'n dwyn yr enw **Calch Ffrwd**. Byddai'r rhan hon o Borth Neigwl yn brysur iawn flynyddoedd yn ôl. Roedd yma dai a siop, a melin heb fod ymhell. Deuai'r llong lo yma i ddadlwytho yn **Rhuol Rhiw**. Tybed ai Heol neu Heuwal Rhiw oedd yr enw yn wreiddiol? Wrth ddarllen hanes Sant Tudwal sylwais fod ei fam yn chwaer i Rhiwal. Tybed a oes cysylltiad? Mae dwy Rhuol a gelwir un yn **Rhuol Ben** i gofio am Ben Owen, Ty'n Ffynnon a fu'n gyfrifol am glirio'r cerrig fel bod modd mynd i mewn ac allan efo cwch yn ddidramgwydd. Rhaid oedd clirio'r Rhuol yn flynyddol cyn y tymor pysgota. Diwrnod y *Grand National* ym mis Mawrth fyddai'r diwrnod clirio.

Mae Mynydd Penarfynydd a'r llethrau i gyfeiriad Porth Neigwl hwythau o ddiddordeb i wyddonwyr ac yn Safle o Ddiddordeb Gwyddonol Arbennig oherwydd hynodrwydd eu daeareg a'u hadar. Rhaid imi gyfaddef unwaith eto nad oes gennyf y syniad lleiaf am yr arbenigrwydd daearegol, ond mae'r brain coesgoch yn magu ar y clogwyni ac yn bwydo ar y rhos a'r tir glas cyfagos.

Anodd credu wrth edrych arno y bu **Porth Neigwl** yn achos angau i laweroedd o longau dros y canrifoedd. Ymddengys yn fan hwylus i gysgodi, ond twyllwyd aml i un a'u gyrru i'r lan. Unwaith yr oedd llong wedi ei dal rhwng Trwyn Talfarach a Thrwyn Cilan a'r gwynt o'r deorllewin ar ei chefn, doedd dim modd troi oddi yma. Dywedyd wrthyf i'r môr ruthro i mewn i un o'r tai yn Rhuol Rhiw unwaith a golchi'r arian a gawsai'r teulu am y moch oddi ar fwrdd y gegin.

Daeth un o'r cwmnïau cynhyrchu paent i wybod am ffyrnigrwydd Porth Neigwl. Gosodwyd fframiau ar yr allt ym mhen dwyreiniol y bae gyda phlatiau wedi eu peintio â'u paent diweddaraf ar y fframiau er mwyn arbrofi a gweld effaith gwyntoedd hallt y de-orllewin arnynt. Oherwydd erydiad aeth y fframiau cyntaf a osodwyd tros yr allt. Yn nechrau'r nawdegau roedd yr ail res yn agos i'r dibyn ac maent hwythau bellach wedi diflannu.

Mewn cyfres o englynion, disgrifia Ieuan Llŷn y bae mewn geiriau cryfion:

Porth Neigwl, parth anhygar, – fan affwys,
    Safn uffern ystrywgar;
Hwrdd twrdd ton beisdon y bar,
Niwlog erch, anial garchar.

Lle gerwin, hylla'r goror, – terwynllais,
    Taranllyd ddygyfor;
Ni rydd ddryghin y' min y môr,
Nawdd i long – ni ddeil angor.

Mae Ieuan Llŷn yn cynnig ateb i ddatrys trafferthion yr holl longddrylliadau:

Goleu ar y Rhiw neu Gilan – fyddai
    Foddus, fuddiol amcan;
Twr eglur, tŷ rhywioglan,
Aelwyd teg, i gyfleu tân.

Ni fanylwn ar y llongddrylliadau i gyd, ond mae'n werth cofnodi hanes un neu ddwy.

Y drychineb fwyaf dramatig, yn fy marn i, yw'r un a ddigwyddodd yn 1629 ac a goffeir mewn cerdd arall o waith Ieuan Llŷn. Credaf fod hon yn bur ddieithr i amryw ac o'r herwydd mae'n werth dyfynnu tipyn ohoni:

Daeth pleserlong hardd yr olwg
I fau Neigwl hyn sydd amlwg.
Gyda'r gwyllnos, distaw rywfodd
Ger y Trwynau yr angorodd.

Draw o Ffrainc yn llawn bon'ddigion
Gyda merched ieuangc gwiwlon,
Ar ei bwrdd roedd pawb yn llawen
Heb un cyffro, poen, na chynnen . . .

Cânt pob un eu gwir ddifyru
Nes mantellai'r dudew fagddu,
Ar y lan roedd angau creulon
Yn par'toi ei frwnt gynllwynion.

Gwŷr y Rhiw fu yn cynllunio
Pa fodd gallent eu hysbeilio,
Cynent dân o wellt a rhedyn
I'w hyd-ddenu at y dibyn.

Daeth y morwyr druain atynt
Gyda'u cwch a mawr fu'r helynt;
Ond hwy laddwyd, hyn sy'n rhyfedd
Gan y bodau didrugaredd . . .

Aeth dynion lleol ar fwrdd y llong gan ymosod ar y teithwyr a'u lladd:

Torri'r bysedd, torri'r clustiau,
Er cael allan aur fodrwyau;
Bwrw'r merched glân i'r tonnau
Dyna rai o'u herchyllderau.

Arestiwyd amryw o'r bobl leol ond anodd oedd cael digon o dystiolaeth i'w cyhuddo:

Dau yn unig gaed yn euog
O'r camwri anhrugarog;
Sion y Sarn, a Hugh Treheili
Dyna'r ddau a gadd eu crogi.

Aed â hwy i Forfa Crugan
Ar ddau bolyn mawr i hongian;
Yno buont hyd nes braenu
Fel yn rhybudd i'r holl Gymry.

Nid oes modd cael un ddihangfa
O dan gyfraith Siarl y Cynta;
Ond eu rhwymo â chadweini
Wrth y coed ger tref Pwllheli . . .

'Er goleuo'r anghyfarwydd
Mil chwe'chant oedd oed ein Harglwydd,
Naw ar hugain roddwn eto
Dyna'r adeg trwm i'w cofio.

Fe ddisgynnodd barn amserol
Am yr helynt tost canlynol;
Dros wlad Llŷn y flwyddyn wedyn
Fel na thyfodd yr un gwelltyn.

O mor drist oedd i'r trueiniaid
Wel'd gwynebau y fath fleiddiaid;
Gresyn iddynt fyn'd i drwbwl
Ger y Rhiw, a godreu Neigwl.

William Jones, Ty'n y Ffordd, Penycaerau oedd awdur cerdd yn sôn am long tri mast ac arni lwyth o India corn a aeth yn ddrylliau ger Rhuol y Rhiw yn 1865:

Aeth llestr fawr o Austria
Ar greigiau Rhiw yn ddryllia,
Ac India corn oedd ynddi'n llwyth,
Yn gruglwyth dros y creigia.

Fe gariwyd corn yn ddirgal,
Gan amryw yn yr ardal,
A berwi hwnnw'i fwydo'r moch
Chwi wyddoch am eu cowdal.

Daeth allan rhyw hen seiffar,
Hi gipiodd tegell copar
O dan ei phais yn ddigon siŵr,
Hwn ddaliai ddŵr gryn lawar.

Waeth imi'n awr derfynu,
Ni ddof i ben i ganu
Am hanes lladron llong y Rhiw
Sy' heddiw'n fyw rwy'n credu.

I droi at ddigwyddiad tipyn ysgafnach, daeth llong arall i'r lan yma. Llong o'r Eidal ydoedd gyda thatws yn gyfran o'i llwyth. Cafodd y criw loches am ddyddiau yn Nhalafon a rhoddwyd peth o'r tatws i'r lletywyr caredig. Cafwyd cnydau toreithiog o 'Datws Bach Talafon' yn yr ardal am flynyddoedd a bedyddiwyd cathod Treheli ag enwau Eidalaidd am genedlaethau!

Mae J. Lloyd Jones yn amau mai enw ac iddo wreiddiau Gwyddelig yw Neigwl, ond ar y llaw arall, dywed Myrddin Fardd gyda pheth pendantrwydd mai cyfeirio at benystafellydd y Tywysog Du (c.1428),

Nigel de Lohareyn, a wna'r enw.

Ond gall crwydro Porth Neigwl heddiw fod yn brofiad digon ysgytwol os cerddwch o dan y clogwyni pridd uchel a'u dychmygu'n llithro'n feddal drosoch. Caiff ei gydnabod yn Safle o Ddiddordeb Gwyddonol Arbennig ar sail daeareg ddiddorol y clogwyni diamddiffyn. Mewn gwaith ymchwil sy'n ymddangos yn hynod o gymhleth mae tystiolaeth sy'n dangos fod y tir yn cael ei fwyta tua throedfedd y flwyddyn ar gyfartaledd ac mae'n profi mai effaith y tonnau ar y traeth sy'n gyfrifol. (Gweler *Cymru a'r Môr*, Cyfrol 2.) Dywedodd Dic Goodman wrthyf fod dau gae a hanner rhwng Cefn Coch a phen yr allt yn y dauddegau, ond erbyn hyn dim ond hanner cae sydd yna.

Ar drai arbennig o gryf a'r môr wedi cilio yn ôl ymhell iawn, daw boncyffion coed i'r golwg sy'n dystiolaeth y bu'r tir yn ymestyn ymhell i'r môr ar un adeg. Oddi yma, meddir, y cariwyd coed ar gyfer adeiladu Abaty Cymer.

Mae'r prinder enwau ym Mhorth Neigwl yn amlwg iawn, a'r unig rai a glywais yn ychwanegol at Rhuol Rhiw yw **Higol Trefollwyn** ymhellach ymlaen a **Lôn Traeth** sy'n dod i lawr i lan y môr ar Forfa Neigwl. Clywais hefyd ddweud fod trigolion Mynytho yn gwybod ei bod am fwrw glaw pan glywant y môr yn crafu yn **Nhraeth Ty'n Don**. Yn Lôn Traeth gwelir olion gweithwyr Arfordir Treftadaeth Llŷn a fu'n tacluso a chreu llwybr i'r traeth. Trueni am yr holl blastig a olchir i'r lan ac a chwythir i'r tir i hagru'r ardal. I'r fan hon y llwyddodd y tri ohonom i gerdded ar y trydydd dydd o'n taith arfordirol. Ar y pedwerydd diwrnod aethom cyn belled â Phwllheli.

Fel y nesawn at Fynydd Cilan ym mhen dwyreiniol Porth Neigwl mae **Pen Ffos Bridd**, lle mae'r gelltydd pridd yn troi yn greigiau geirwon. Yn yr **Allt Bridd**, mewn pant mawr yng nghesail Porth Neigwl y mae'r **Beddi**. Does dim i'w weld yma yn awr ond mae'n siŵr y bu yma fynwent rhywdro. Daw **Llwybr Bwlch y Gwynt** i lawr i'r traeth yma ac o dan **Gallt Carreg Haul** mae **Ffynnon yr Allt** lle'r arferai pobl Cilan gael dŵr.

Yn y cwr hwn o Borth Neigwl y daeth y *Twelve Apostles* i'r lan. Adeiladwyd hi ym Mhwllheli yn 1858 gyda delw o Pedr ar ei *bow*. Ym mis Tachwedd 1898 roedd yn dychwelyd o Southampton gyda llwyth o gerrig tân yn falast, a phan oedd ar arfordir Penfro cododd yn wynt stormus o'r de. Bwriad cyntaf y capten oedd mynd i ymochel i Aberdaugleddau, ond gan fod hwnnw'n fae anodd i ddod allan ohono ar wynt gwynab, penderfynwyd mynd ymlaen tua Phorthmadog. Wrth nesáu at arfordir Llŷn a hithau'n nos, roedd y capten yn ymwybodol iawn y gallai gadw ormod i'r dwyrain a rhedeg ar Sarn Badrig, neu gadw ormod i'r gorllewin a mynd heibio i Enlli heb ei gweld. Pan wawriodd gwelai Drwyn Cilan ar y dde iddo, tra dylai fod ar ei chwith, ac yntau felly yn awr ym Mhorth Neigwl a gwynt cryf o'i ôl. Mae hanes drylliad y *Twelve Apostles* wedi ei ailadrodd laweroedd o weithiau yn Llŷn, a chlywodd Cynan yntau'r hanes gan Jesreel Jones:

A llawer i stori ges i ganddo erioed:
Y smyglars yn dianc rhag Sergeant Lloyd,
A sut 'raeth y 'Deuddeg Apostol', yn siŵr
Ar goll yn 'Safn Uffern' i waelod y dŵr.

Llwyddodd y criw i ddianc am y lan mewn cwch achub, ond trwy drugaredd, gwelodd morwyn Trefollwyn y cwch mewn trafferthion ac oherwydd ei dewrder hi yn cerdded i'r môr stormus i'w halio i'r lan y llwyddasant i gyrraedd tir sych, a chael lloches yn y Nant.

Mae'r arfordir sydd o ddiddordeb i ddaearegwyr yn ymestyn ymlaen o'r fan hon hyd Aber-soch ac yn drysorfa i'r arbenigwyr deallus hynny. Ceir yma amryw byd o blanhigion prin. Y pyllau ar bennau'r gelltydd yw'r unig fan yng ngogledd Cymru lle tyf brigwellt y fawnog (*Deschampsia setacea*). Yma hefyd ceir un o nythfaoedd mwyaf y carfilod, a chynefin rhai trychfilod prin iawn.

'Mi ydach chi ugain mlynadd yn rhy hwyr,' meddai Hugh Owen Hughes, Ysgubor Hen, Cilan wrthyf pan es i ato i'w holi am enwau a'u cysylltiadau o gwmpas **Trwyn Cilan**. Dyna'r sylwadau trist a glywais gan bawb bron. Diflannodd yn hanesion oedd y tu ôl i'r enwau pan fu farw'r hen bobl. Ond gwell hwyr na hwyrach, a chefais wybodaeth werthfawr iawn gan Mr Hughes. Roedd hynny ar ôl imi gael rhestr lawn o enwau gan John Gwilym Jones, Nant y Big, sydd genhedlaeth yn ieuengach nag ef. Mae hyn yn gysur gan y profa fod yr enwau yn dal i gael eu defnyddio bob dydd gan y trigolion.

Cefais hanes William Roberts a adwaenid fel Bila, y cymeriad diddorol hwnnw a adeiladodd gartref iddo'i hun efo broc ger Carreg Haul. Yn dilyn un storm enbyd dywedir i Bila fynd i lawr ar y traeth a gweiddi ar y môr:

Hiw wynt, chwytha!
Hwi long, dryllia!
Hwi froc, tyrd i'r lan
Fi sydd yma gynta!

Diddorol sylwi fod pennill tebyg iawn wedi ei gofnodi yn Nefyn. (Gweler *Blas ar Fyw*, Robin Gwyndaf.)

Yn y pumdegau cyfansoddodd Tudwal Jones Humphreys gerdd faith yn sôn am drigolion Cilan fesul un ac un. Dyma ddywedodd am Bila:

Gwell rhoi cnoc ar ddrws 'rhen Bila,
Ond anamal mae o gartra'
Gan mai'r traethydd mae o'n hoffi,
Pan mae'r môr gan wynt yn corddi.
William Roberts, Pen Bryn Cilan,
Enw da, cymeriad diddan.

Lle mae'r allt bridd yn troi'n graig serth cawn **Drwyn y Ffosle**. Dywedir mai ystyr y gair ffosle yw ffos, cwter, carthffos, pwll neu rych. Beth yw'r eglurhad? Rhaid ymchwilio'n ddyfnach i weld y ffurfiau cynharaf, ond diddorol sylwi fod **Hafn Ffosle** gerllaw.

Wrth nesu at Drwyn Cilan mae **Trwyn Melyn, Trwyn Carreg y Tir** a **Thrwyn Mulfran**. Mae'r creigiau mor serth fel nad oes neb yn gallu eu cerdded a dod i'w hadnabod. Maent yn fwy cyfarwydd i'r morwyr nag i neb arall. Yna daw'r **Paitsh** a gelwir y rhan ohono a fu'n gysylltiedig â môrladrata yn **Steps**. Yn dilyn mae **Trwyn Ogo Newydd** – 'y trwyn dwytha cyn troi am **Henborth**' yn ôl Hugh Owen Hughes. Mae **Parad yr Henborth** yn gyrchfan i ddringwyr ac yno mae colofn o graig a elwir yn **Clipar Troed** sydd fel pe bai wedi symud oddi wrth y parad. Allan yn y môr o'r Henborth mae'r llanw'n rhedeg yn gryf mewn man a elwir yn **Bar Coch**.

Yn 1872 ym **Mhen Cilan** aeth y llong *Ireland* ar y creigiau. Collodd ei mastiau a rhaid fu i'r bad achub ei thynnu i ddŵr tawel Aber-soch. Ysgrifennydd y bad achub oedd y Parchedig Owen Williams, yr un a chwaraeodd ran mor flaenllaw yn achos amddiffyniad bad achub Porth Dinllaen adeg y *Cyprian*. Ef oedd yng ngofal y bad achub a aeth i roi cymorth i'r *Ireland* ac am hynny derbyniodd fedal.

Yn **Y Bistall** gall y cimychwr gadw ei gwch, a gellir dilyn llwybr i lawr i **Drwyn Llech y Doll** i bysgota oddi ar y graig. Ar ben yr allt mae Cromlech Cilan Uchaf, arwydd arall sy'n ein hatgoffa mor dynn yw ein cyswllt â'r gorffennol hyd yn oed yn ein dyddiau cyfoes ni.

Un o'r gelltydd cyntaf i'w cyrraedd ar ôl mynd i olwg bae Porth Ceiriad yw **Trwyn yr Ŵyn** a gerllaw mae **Pistyll Cilan** yn llifo i lawr y clogwyn. O dan dir Muriau gwelir y **Llech Fawr, Trwyn Ifan 'Rewig** ac **Ogof Wymon**. Dywedir bod Ifan 'Rewig wedi cario casgen o'r creigiau yma i ben yr allt. Tipyn o gamp. Uwchlaw Ogof Wymon mae **Nant y Bedol**, yn union fel siâp carn ceffyl a lle tyf coed derw. Rydym yn awr o dan dir Ysgubor Hen. Yma ceir **Allt Bach** a **Ffynnon Bach** arni, lle tardd ffrwd sy'n rhedeg i lawr dros y creigiau ac i'r môr. Mae **Tŷ Gwyddel** yn dilyn. Ceir tyfiant gwyllt iawn yn **Drain William Jones** gyda chymysgedd o ddrain duon, ysgaw a phared o eiddew yn disgyn i lawr tua'r môr. Cafodd William Jones ei ddal gan y llanw a'r unig ffordd y gallai ddianc i ddiogelwch oedd dringo i fyny'r clogwyn a thrwy'r drysi yma. Mae'r gwylanod, fel y gallech dybio, yn nythu lle mae'r graig yn dal yn serth iawn ym **Mharad Gwylanod**.

Dyma ni yn awr ym mae **Porth Ceiriad**, un o'r traethau hyfrytaf yn Llŷn, yn arbennig ym misoedd y gaeaf pan gewch y lle i chwi eich hun. Arferai **Llech Bach** fod yn fan i gadw cwch cimychio yn y cyfnod pan eid allan efo rhwyfau. Mae'r ddolen a ddefnyddid i glymu'r cwch i'w gweld o hyd ar y graig.

Cyn cyrraedd rhan dywodlyd Porth Ceiriad mae **Parad Mawr**, clogwyn creigiog serth a'i enw yn ei ddisgrifio i'r dim. Rhed gallt y môr ar led oleddf at fin y dibyn, sef y Parad. Arno, lathenni i fyny o'r traeth, mae **Tyllau'r Geifr**, ogofâu y gellir profi i donnau'r môr unwaith olchi i mewn iddynt gan fod cregyn a graean ar eu lloriau.

Ar **Ben Parad** mae olion caer, lle ardderchog i wylio ac i amddiffyn. Go brin y gallai neb ymosod o'r môr. Yn *Caernarvonshire-West* cyfeirir at y lle hwn fel Castell Parad Mawr gan ddweud hefyd yr arferid ei alw'n Gastell Yscuborhin – hynny yw, Castell Ysgubor Hen. Bu mwynwyr yn chwilio am blwm yma ar un cyfnod ond penderfynwyd nad oedd digon o gyflenwad ar gael.

Flynyddoedd yn ôl arferai dynion fynd i lawr dros y Parad Mawr a chreigiau peryglus eraill Cilan ar raff i gasglu wyau gwylanod – i 'hel wyau'r allt'. Roedd wyau'r gwylanod yn flasus a chredid hefyd bod eu casglu yn y gwanwyn yn lleihau'r boblogaeth ddigywilydd a ysbeiliai'r caeau ŷd. Daeth rhigwm i'm clyw trwy law Twm Elias. Clywodd ef hi gan Megan Roberts, Llanengan a hithau yn ei thro wedi ei chasglu gan Gwladys Williams, Riffli, Aber-soch:

'Rhowch hi'n unplyg,' meddai Sam Nantbig.
'Na, rhowch hi'n ddwbwl,' meddai Ifan Murcwpwl.
'Mi neith y tro,' meddai Sion y Go'.
'G'neith i'r dim,' meddai Harri Cim.

Cyfeiria Dic Goodman at ŵr arall hynod o fentrus, Ifan Jones, Cilan Fawr a'i gollyngai ei hun dros un o'r parwydydd a hongian fel pry' copyn i gasglu'r wyau ar gyfer eu gwerthu i'r casglwyr wyau. Y cyfan a ddefnyddiai i ddal ei raff oedd trosol wedi ei guro i'r ddaear.

Wrth feddwl am yr hyn a allai ddigwydd canodd Dic Goodman i Awel, yr ast:

Ei symud llyfn a roes ei henw iddi
ar fynydd Cilan
pan drydanai'r 'pry' y rhedyn
ond gan amlaf
melfed-droediai'n benisel
yn fwa o groen-am-asgwrn
wrth sawdl yr hen ŵr.

Un bore
gerllaw dibyn y Parad Mawr
chwalwyd gemau'r gwlith
a holltwyd y rhedyn
yn llwybr unffordd.

Deil yr hen ŵr i wrando
ar yr udo yn nannedd y graig;
Ond bu'r sŵn wylofus hwnnw
yno erioed.

Tua hanner y ffordd i fyny'r Parad roedd agen yn y graig, **Llwybr y Gath**, na fentrai neb ond y dewr ei gerdded. Yn anffodus, mae bellach wedi disgyn. Oddi tano roedd **Daear y Gath** lle gellid gweld cathod gwylltion ers talwm. Gerllaw llifa **Nant y Castell** i lawr i'r môr.

Yng nghwr gorllewinol Porth Ceiriad mae **Traeth Twmpath Melyn** ac ar y tywod mae **Cerrig Milfeini**. Daeth llong i'r lan yn y fan hon a chynlluniwyd i'w gwerthu ond disgynnodd yr allt ar ei phen ac fe'i cuddiwyd bron yn llwyr gan y cerrig hyn. Llwyddwyd, fodd bynnag, i gael llawer o goed da oddi arni, coed caled a fu o ddefnydd i'r seiri coed lleol. Mae **Llwybr Twmpath Melyn** hefyd wedi disgyn o ganlyniad i dirlithriadau.

Gelwir y traeth rhwng Traeth Twmpath Melyn a Thraeth Porth Ceiriad ei hun yn **Draeth yr Arian**. Mae sôn fod llawer o ddarnau arian ar ôl llongddrylliad wedi'u codi yma. Yn addas iawn gelwir y prif draeth tywodlyd yn **Draeth Sidan**.

Yng nghwr dwyreiniol Parad Mawr ar yr allt mae **Stwffwl Nantpig**, yn union ar ffurf stwffwl a'i cheg yn agored am y môr. Ar y terfyn rhwng tir Nant y Big a thir Pant mae **Pistyll Nant Big** ac ar **Allt y Pant** mae **Pen Borth**. Yng nghornel y traeth mae **Cerrig Morwyni**, **Stabal y Fules** a **Dyfodas Cim** sy'n llecyn tywodlyd ar ben yr allt. Ceir pant gwlyb yn yr allt yma a elwir yn **Byllau Mawr**. Wrth dreio mae'r môr yn cilio oddi ar y creigiau gan adael un pwll dŵr o'r enw **Pwll Dan 'r Wylfa**. Arferai hogiau'r ardal nofio yn hwn gan y byddai'r dŵr ynddo'n gynnes braf ar ôl i'r haul poeth ei dwymo. Gerllaw mae **Ogof Fawr** a honno'n ymestyn ymhell o dan y ddaear.

Bu John Owen, Corn, Cilan fel llawer o'i gyfoedion yn gimychwr brwd hyd nes y prinhaodd y cimychiaid. Rhoddir y bai am hyn ar gychod dieithr a ddaeth yma i ysbeilio'r môr. Soniodd John Owen am ddau le ardderchog i osod cewyll cimychiaid. Un yw **Dyfn Ty'n Pricia'** ac os am fynd yno, rhaid hwylio allan o Drwyn Llech y Doll nes bod Tyddyn Priciau i'w weld yn hafn Pistyll Cim. Gellir dod o hyd i'r ail le, sef **Dyfn Ffresnant**, trwy hwylio yn syth allan o'r cwt pren sydd ar y gwastad uwchben Porth Ceiriad. *Refreshments* a werthid yn y cwt pren. Dyna egluro'r enw!

Arferai dau angor fod ar draeth Porth Ceiriad. Angorion y *Laura Griffith* oeddynt – llong a adeiladwyd ym Mhwllheli yn 1865 ac a gollwyd yma yn 1909. Heddiw gellir gweld un o'r angorion mewn gardd ar y llaw chwith wrth ddringo o Aber-soch ar ffordd Llanbedrog.

Y trwyn eithaf y deuwch ato cyn troi a dod i olwg Ynysoedd Tudwal yw **Trwyn yr Wylfa**. Gyda'r holl geyrydd o gwmpas, hawdd y gellid tybio bod y fan hon yn wylfa rhag gelynion ac yn ddiweddarach yn dynfa i deuluoedd llongwyr pan ddisgwylient longau o fordeithiau pell.

Ar y darn nesaf o'r arfordir mae **Pistyll Cim** a **Thrwyn y Bistall** lle gwelir y tonnau'n torri'n ffyrnig yn erbyn y creigiau. Rhyngddynt mae **Carreg Chwythu**. Yma, ar ryw adeg arbennig o drai, mae'r môr yn chwipio i mewn i dwll yn y graig a chlywir sŵn chwythu cryf ynddo. Prin yw'r enwau yn awr gan mai craig noeth ysgithrog sydd yma, ond gellir mynd i lawr at y **Crochanau** i bysgota. Tyllau rhyw ddeunaw modfedd i ddwy droedfedd ar eu traws yn y graig ydynt. Islaw cwt Gwyliwr y Glannau mae **Ogof Wymon** – lle da i bysgota gwrachod. Ymhellach eto ceir ogofâu eraill a allai fod yn gysylltiedig â'r mwynfeydd sydd â'u holion yn gyffredin yn yr ardal hon. Gan fod colomennod yn hedfan i mewn ac allan ohonynt yn aml iawn, galwyd hwy yn **Ogofeydd Colomennod**. Yn y môr, pan fydd y llanw i mewn, gwelir **Carreg Dafydd**.

Ar y gwastatir o gwmpas Cim a Bwlchtocyn gwelir llawer o olion mwyngloddio plwm. Fe fu cryn fri ar y cloddio a hyd heddiw mae siafftiau peryglus iawn yn rhidyllu'r clogwyni.

Mae'r traeth bychan nesaf, **Porth Bach**, yn anffodus wedi ei droi'n draeth preifat. Mewnfudwyr powld sydd wedi meddiannu'r lle a ninnau fel dinasyddion llugoer wedi bodloni ar hynny. Wrth gerdded o gwmpas traethau Aber-soch, trist oedd gweld yr arwyddion *Private* yn blastar ym mhobman.

Rhwng Ynysoedd Tudwal ac Aber-soch ceir dŵr tawel yng nghwr y bae – y **St Tudwal's Roads** – lle'r angorai llongau i gysgodi. Mae'r rhestr o longau a aeth i drybini yma yn un faith a dichon mai'r enwocaf, er nad y fwyaf ohonynt o bell ffordd, oedd yr *Ann Pugh* a adwaenir yn gyffredin fel Fflat Huw Puw. Cofnodwyd hyn yn y *North Wales Chronicle* yn 1858:

Pwllheli, Oct. 22. the flat Ann Pugh ran ashore during a gale in St Tudwell roads, and went to pieces.

Mewn gwynt o'r gogledd ac o'r gorllewin, y *Roads* oedd yr unig le diogel i longau ymochel yn y rhan hon o Fae Ceredigion ond gallai'r gwynt hwnnw newid ei gyfeiriad yn sydyn i'r de neu i'r de-ddwyrain, a'r pryd hynny ceid trafferthion. Gyda phoblogrwydd cynyddol y *Roads* fel lle i gysgodi, yn arbennig ar gyfer llongau llechi prysur Porthmadog, daeth galw am sefydlu gorsaf bad achub yn Aber-soch. Gwnaed hynny yn 1884 pan godwyd adeilad ar y Penrhyn Du.

I'r dŵr tawel hwn y deuai llongau cimychio o Brest, Llydaw flynyddoedd yn ôl i dreulio'r nos ar ôl diwrnod o bysgota. Pan oeddynt yn blant arferai John Owen a'i gyfeillion rwyfo allan atynt a chyfnewid y cwningod a ddaliwyd ganddynt hwy am grancod anferth. Roedd y pysgotwyr yn falch o gig ffres. Deuai cwch yn wythnosol at y cychod pysgota i nôl y crancod a'r cimychiaid a ddaliwyd gan y Llydawyr.

Saif dwy **Ynys Tudwal** yn hardd ym **Mae Aber-soch** ac mae'r olygfa ohonynt o ben Mynytho yn un gofiadwy iawn. Yr **Ynys Fach** yw'r agosaf i'r lan a dywedir bod modd cerdded ohoni unwaith i Drwyn y Wylfa ar drai mawr. Dywedodd John Owen iddo glywed fod stalwyn wedi nofio o Cim at gesyg oedd yn cael eu cadw ar yr Ynys Fach un tro. Ar yr ynys mae craig lefn yn dwyn yr enw **Llech March** yn rhedeg ar oleddf i fyny o'r môr. Tybed?

Codwyd goleudy ar yr Ynys Fach yn 1877 a'r golau gwyn yn fflachio bob ugain eiliad. Wrth hwylio o Bwllheli mae'r goleudy'n fflachio'n goch, yn nodi perygl gan fod yr Ynys Fawr rhyngoch a'r goleudy.

Os am lanio ar yr **Ynys Fawr** rhaid bwrw angor ym **Mae Capel**. Mae'r enw hwn yn awgrymu cysylltiad crefyddol ac wrth gwrs, fe fu un. Cysegrwyd cell ar yr ynys i Sant Tudwal. Dywedir iddo fod yn byw arni. Cyfeirir ati yn y flwyddyn 1291 fel Enys Tudwal. Ceir olion mynachaidd o wahanol gyfnodau ar yr ynys. Y mynach olaf yno oedd y Tad Henry Bailey Maria Hughes a fu'n ceisio ailsefydlu cymdeithas fynachaidd gyda'i ddilynwyr. Rhaid fu wynebu anawsterau lu a'r hyn a roddodd derfyn ar y cyfan oedd storm a ddifethodd y fynachlog yn 1887.

Ar ochr y môr i'r Ynys Fawr ceir **Ogof Bont** gyda phen uchaf ei mynedfa yn wastad daclus yn union fel pe bai lintel wedi ei gosod ynddi.

Breuddwyd bur wahanol i un y mynaich a freuddwydiwyd ganol yr ugeinfed ganrif pan geisiodd Sais sefydlu gwersyll i noethlymunwyr yma. Dyma adwaith John Rowlands:

I'r ynys daw gwŷr annoeth – a barus
   Gyda bwriad penboeth;
Hanes gwael yw ynys goeth
A'r tenant yn ŵr tinnoeth.

Ar yr ynys hon bellach datblygodd sefyllfa drist iawn pan fu farw bron y cyfan o'r anifeiliaid oedd yn byw arni. Diflannodd y defaid Soya a borai wymon, y ceirw a bron y cyfan o'r cwningod, ond deil y cwningod duon i bori'n hamddenol yno o hyd.

Yn agos i'r ynysoedd ceir **Cerrig y Trai** a'r rhain eto, fel y gweddill, yn ymddangos wrth iddi dreio. O'i gartref ym Mynytho hiraethai Charles Jones:

Daeth hiraeth arnaf weithian,
Wrth edrych tua'r môr
Am longau bach Porthmadog
Ar hynt i Labradôr,
Eu hwyliau'n llawn o awel Mai
Ymhell tu draw i Gerrig y Trai.

Ar y cerrig ceir cloch sy'n canu hyd yn oed pan fyddant dan y dŵr. I drigolion Cilan mae clywed hon yn canu yn arwydd o dywydd braf.

Collwn yn awr yr arfordir creigiog ac yn sgîl hynny ffarweliwn â'r Arfordir Treftadaeth. Twyni tywod a geir o hyn ymlaen heblaw am y mannau creigiog hynny sydd wedi herio pob ton erioed, a rhoi i ni y penrhynau sy'n cysgodi'r baeau tywodlyd oddi yma i geg afon Glaslyn.

Mae **Traeth Aber-soch** – y **Borth Fawr** ar fap – yn ymestyn yn fwa o'r Penrhyn Du hyd **Benbennar**, sef trwyn Aber-soch ei hun. O'i fewn ceir enwau ar wahanol rannau ohono. O dan Bwlchtocyn ceir **Traeth Marchros** ac yna **Draeth Lleferin** sy'n cyd-redeg â'r cwrs golff a Chors Lleferin y tu draw i hwnnw. Yn y fan hon mae llystyfiant tir gwlyb cyfoethog ac amrywiol, yn hesg, helyg, brwyn a migwyn tra anghyffredin.

Ger y pentref mae **Traeth William**, a enwyd felly i gofio am y perchennog, y gŵr a'i datblygodd ar gyfer twristiaid, sef William Williams, Tyddyn Callod. Yn Narlith Flynyddol Llŷn 1983 'Puryd a Mân Us', cyfeiria Megan Roberts ati ei hun yn blentyn yn edrych ymlaen at wyliau haf, gan sôn am yr union draeth hwn:

> Roedd ha' poeth fel y byddai ers talwm o'n blaena', a ninnau'n rhydd i chwarae ar Fryn y Felin drwy'r dydd yn ein sanshws ffaga. Aem i lan y môr 'r Aber ambell dro, i 'Blackpool Corner', a mynd i offis Yncl Wiliam, Benar, i ddweud ein bod ni'n perthyn, er mwyn cael bwced a rhaw a adewsid ar ôl gan blant y fisitors ar y traeth.

Gelwid ef hefyd yn **Orange-peel Corner** gan drigolion Aber-soch gan gyfleu darlun o'r holl sbwriel a adewid yno pan giliai'r fisitors.

Dywedir i long o'r enw *Dove* ac arni lwyth o bowdwr gwn gael ei chwythu i'r lan yn Aber-soch yn 1847 tra oedd ar daith o Gorc i Lerpwl, ac yn 1909 yr un fu tynged y *Prosperity* ar ôl iddi fynd i wrthdrawiad â llong arall yn y bae.

Mae afon Soch, sy'n cychwyn ar ei thaith yng nghyffiniau Mynydd Cefnamwlch, yn nadreddu ei llwybr trwy Forfa Neigwl cyn llifo i'r môr ym **Mhen Cei**. Dywedir mai'r un yw soch â'r gair hwch.

Does unman wedi newid cymaint dros y blynyddoedd, yn siŵr, nag Aber-soch. Mae edrych ar luniau o'r pentref a'r harbwr ar ddechrau'r ugeinfed ganrif pan ddeuai llongau glo yma i ddadlwytho ar y traeth yn peri syndod. Adeiladwyd pedair ar ddeg o longau bychain yma yn yr **Harbwr** rhwng 1774 ac 1854. Byddai'r olygfa wedi newid fwy fyth a'r traeth melyn dymunol wedi ei golli pe byddai'r syniad annoeth o greu marina ar **Draeth Min y Don** wedi ei wireddu'n ddiweddar.

I'r gogledd o'r fan yma deuwn at **Drwyn y Fach** a'i draeth cysgodol a phoblogaidd. Bydd ymwelwyr yn tyrru wrth y miloedd i **Draeth Ty'n Towyn** hefyd gan fod y rhan hon o'r twyni wedi ei meddiannu'n llwyr gan drigolion y *chalets*. Gan mai 'Warren' yw enw'r pentref gwyliau anferth hwn, daeth y traeth yn **Draeth Warren** ac fel ymdrech i'n hatgoffa mai yn Llŷn yr ydym o hyd, gelwir ef bellach yn **Draeth Castellmarch** gan Gyngor Dosbarth Dwyfor. Gerllaw, wrth gwrs, mae plasty Castellmarch lle trigai March Amheirchion a'i glustiau mul ers talwm. Tua chanol y traeth mae **afon Selar** yn llifo i'r môr, hithau wedi llifo i lawr y llechweddau o gorstir Mynytho. Mae cofnod yn dweud i long o'r enw *Maria* ddod i'r lan yma mewn corwynt yn 1872. Achubwyd pedwar oddi arni gan y *Mabel Louisa*, bad achub Aber-soch. Ar y traeth hwn bu sgerbydau llongau o'r enw *Seaman* a *Fossil* hyd nes y symudwyd gweddillion y gyntaf gyda thractor. Mae sgerbwd y *Fossil* yno o hyd.

Tua Phwllheli

Wrth gerdded ar hyd y traeth tua Llanbedrog mae Mynydd Tir y Cwmwd a'i olion diwydiannol yn ein hwynebu. Fe fu tair chwarel ar y mynydd hwn flynyddoedd yn ôl – **Gwaith Tan y Mynydd, Gwaith Canol** a **Gwaith Trwyn** – y tair ohonynt yn cael eu gweithio uwchben y môr. Gwaith Tan y Mynydd yw'r agosaf i Aber-soch a hwn oedd yr olaf i gau. Metlin a cherrig adeiladu melyn a gloddid a'u cario oddi yma mewn lorïau ar hyd Lôn Gwaith. Sets a gynhyrchid yn y ddau waith arall a'u hallforio o'r lanfa sydd â'i holion i'w gweld ar y traeth heddiw. Wrth gychwyn oddi yma am Benbedw gyda llwyth o sets yr aeth y sgwner *Llanddulas* i drafferthion yn 1900. Collwyd y llong ond achubwyd y capten, ei wraig a'r criw.

Arferai gweithwyr Gwaith Canol a Gwaith Trwyn gerdded i'r chwareli dros Fynydd Tir y Cwmwd ar hyd **Llwybr Llymriaid**. Mae'r enw yn awgrymu fod eraill yn ei ddefnyddio hefyd pan aent i'r traeth i balu am lymriaid. Gyda datblygiad Gwaith Tan y Mynydd bwytawyd y llwybr a bellach nid oes fawr ohono'n weddill.

Agorwyd Gwaith Canol a Gwaith Trwyn yn annibynnol ar ei gilydd gyda **Gweirglodd Geifr** rhyngddynt. Ond yn raddol cynyddodd y ddwy chwarel a daethant yn un. Ar y llethr uwchlaw mae **Clogwyn Melyn** ac **Ogof Wil Puw** gerllaw. Roedd Wil Puw, yn ôl Myrddin Fardd yn *Llên Gwerin Sir Gaernarfon*, yn fôr-leidr a ddefnyddiai'r ogof hon i guddio ei ysbail. Ar ben y mynydd, rhwng y copa a'r môr, gwelir **Llynnau Cywarch** ac olion tri chwt powdwr – un ar gyfer pob gwaith.

Unwaith yr awn heibio **Trwyn Llanbedrog** wynebwn fae anferth arall, **Bae Pwllheli**. O edrych arno o ben Mynytho mae'n union fel y disgrifiodd Cynan ef:

A'r tywod glân am filltiroedd fel tae,
Rhyw gryman o aur ar dorri trwy'r bae.

Wrth gymryd **Traeth Llanbedrog** o'i gwr a chychwyn o **Drwyn Llanbedrog** awn heibio i'r **Graig Fawr** a **Thwll Dan Grisia** (ai grisial ydoedd yn wreiddiol tybed?) sy'n draeth bychan na ellir yn hwylus gerdded iddo ond ar drai. Pan gerddai'r chwarelwyr i'w gwaith aent ar hyd planciau a osodwyd o graig i graig i'w galluogi i fynd i'r chwarel yn droedsych. O dro i dro pan gilia'r tywod gellir gweld olion tyllau ebill yn y graig. Dyma lle'r oedd pinnau wedi eu curo i'r graig i gynnal y planciau. Ceir **Cerrig y Gorad** yma, lle mae cerrig wedi eu gosod ar ffurf L i wneud gored i ddal pysgod pan dreiai'r môr. Ger yr Hen Dai gellir dechrau dringo llwybr serth, gyda chymorth canllaw, i fyny **Allt Goch** drwy **Winllan y Plwy'**. Mae hon am y terfyn â thir Plas Glyn y Weddw. Ar ben y llwybr mae delw metel o ddyn.

Fel ar amryw o draethau eraill byddai llongau glo a chalch yn danfon eu llwythi yma. Rhwng yr Hen Dai a thai Glan y Môr *(Fox Hole)* mae adfeilion yr odyn galch. Byddai ffermwyr yn golchi eu defaid cyn eu cneifio yma hefyd. Gelwir y dyffryn bychan sy'n rhedeg i'r traeth o ymyl Eglwys Sant Pedrog a Glyn y Weddw yn **Nant Iago**, ac **afon Glan y Môr** yw'r ffrwd sy'n rhedeg trwyddo. Rhyw hanner ffordd rhwng troed y ffordd a Cherrig y Defaid ceir y **Bwlch Coch** lle mae ffrwd yn dod o'r allt. Yma mae sgerbwd llong lechi y *John and Margaret* a suddodd pan aeth ar dân tra oedd yn aros am dywydd braf i forio yn y bae yn 1912. Yn ôl Iorwerth Jones, Llanbedrog, criw lleol oedd arni dan gapteiniaeth William Evans, Bathafarn, Llanbedrog. Gwerthwyd ei gweddillion am £5 ac aed â'i hangor i Borthmadog i'w werthu. Ailymddangosodd peth o'r llong yn haf 1980 a thynnodd Morwen, merch Iorwerth Jones, ei llun i'w gyhoeddi yn *Llanw Llŷn*. Nid dyma'r unig long i fynd ar dân ym Mae Llanbedrog. Yn *Stori 'Mywyd* sonia Pedrog iddo unwaith

fod yn un o fintai a safai ar ben Gallt Pen y Bryn – yn gwylio llong, a gwrsid i'r lan gan dymestl, wedi mynd ar dân. Tybiai rhai mai'n fwriadol y taniwyd hi, ac am nad oedd yn ffit i fôr.

Allan yn y môr mae lle da i bysgota a elwir yn **Plas Cau'r Ynys**. I gael hyd iddo rhaid mynd allan nes bod trwynau'r ddwy Ynys Tudwal yn cyffwrdd – yn cau ar ei gilydd – a gofalu bod **Trwyn y Mynydd** a Phlas Glyn y Weddw mewn llinell. Dyma'r Plas.

Ychydig o ffordd allan i'r môr o'r fan hon mae **Cerrig Duon** a ddaw i'r golwg ar drai. Yn y môr yma ceir y **Garthen** a **Cherrig y Garthen** a gellir cerdded iddynt ar drai da. Rydym yn gyfarwydd â'r gair carthen, sy'n golygu blanced, ond mae iddo ystyr arall yn y geiriadur, sef hwyl llong. Ni allaf ond dyfalu tybed a oes perthynas. Ychydig yn nes ymlaen ceir **Ergyd y Swalo** lle mae ychydig o gysgod twyni. Arferid cadw cychod pysgota yma ers talwm, ond mewn storm yn 1863 collwyd un o'r cychod hyn, y *Swallow*. Yn ôl Ivor Wynne Jones fe suddodd yma, yn agos i'r lan. Mae ei chêl yn dal ar i fyny yn y dŵr ac yn beryglus pan eir ati i dynnu rhwyd.

Mae ergyd arall hefyd, sef **Ergyd Goleudy**. I ddod o hyd i'r fan hon rhaid cerdded ymlaen ar hyd y traeth hyd nes y bydd goleudy Ynys Tudwal yn ymddangos heibio Trwyn Llanbedrog. Mae'r ddwy ergyd yn fannau da i dynnu rhwyd.

Yr unig beth sy'n torri ar lyfnder ffurf y bae hwn yw **Cerrig Defaid**, penrhyn bychan o graig arw. Fe'i gorchuddir gan fân wrymiau niferus yn union fel croen â defaid arno. Dywedir i'r graig gael ei ffurfio pan oerodd a hithau mewn ffurf dawdd gyda swigod o aer yn cael eu dal ynddi a'r rheini'n ffurfio'r 'defaid'. Y tu allan i Gerrig Defaid yn y môr mae creigiau a ddaw i'r golwg ar drai, sef **Y Coffor Du**. Rhwng y Coffor Du a'r Garthen yn ôl i gyfeiriad Llanbedrog mae'r **Cerrig Bach**.

Gelwir y traeth rhwng y fan hon a Phenrhos yn **Draeth Crugan**, a hynny er nad yw fferm Crugan yn agos iddo. Yn rhedeg yn gyfochrog â'r traeth ac allan yn y môr mae banciau o raean a chregyn a gelwir yr 'afonydd' sy'n llifo rhyngddynt yn **Gamlesi**. Deuant i'r golwg ar drai. Weithiau gelwir y rhan hon o'r traeth yn **Draeth Gamlas**. Yn isel ar y traeth mae sgerbwd llong o'r enw *Sam Slic*. Oes rhywun a ŵyr ei hanes?

Yn ystod yr Ail Ryfel Byd roedd **Targed** yn y môr rhyw dair milltir allan o'r traeth hwn. Defnyddid ef gan y llu awyr a sefydlodd ym Mhenyberth gerllaw i ymarfer bomio.

Mae **Traeth Pwllheli** yn ymestyn oddi yma i Garreg yr Imbill, yn draeth hir o dywod, cerrig a chregyn. Ychydig o longau a gollwyd yn y bae hwn, er i amryw a aeth i lochesu i'r *Roads* gael eu chwythu ar y traeth pan newidiai cyfeiriad y gwynt. Daeth llong o San Malo a llwyth o win arni i ddiddosrwydd hafan Pwllheli yn 1559 ar ôl iddi godi'n storm a hithau ger Ynysoedd Tudwal. Yn 1853 collwyd pawb oddi ar fwrdd dwy long, *Matilda* a *Celerity*, pan ddaethant i'r traeth ac yn yr un fan y collwyd *Cardigan* – stemar bren a oedd ar daith o Aberteifi i Belfast, ar ôl iddi gael ei tharo gan stemar arall.

Sonnir am **Draeth y Brig**, **Traeth Tywyn**, a **Glan Môr Cae Plan** tua Phenrhos. Os am groesi'r **afon Penrhos** yn yr ardal hon ers talwm defnyddid **Rhyd y Ddôl**.

Wrth gerdded ar hyd y twyni gan ddilyn ôl rheiliau'r tram a redai'n ôl a blaen o Bwllheli i Glyn y Weddw ar ddechrau'r ugeinfed ganrif, o graffu tua'r tir gwelir capel Penrhos. Pan agorwyd y capel newydd ym Mhenrhos yn 1866 mynnodd Capten Hugh Hughes, Gellidara y dylid galw'r capel yn Bethel, a hynny am reswm teilwng iawn. Yr *Eagle* oedd llong Capten Hughes a gofalai chwifio'r **Bethel Flag** ar hwylbren ei long ar y Sul waeth ym mha borthladd y byddai. Roedd gweld hon yn chwifio yn arwydd i'r morwyr eraill fod gwasanaeth i'w gynnal ar fwrdd yr *Eagle* a nodir yn y gyfrol *Porthmadog Ships* iddo bregethu i dri chant o forwyr o Gymru yn Falmouth un dydd Sul yn 1843.

Wrth i estroniaid ddatblygu ardal y twyni tywod ym Mhwllheli ar ddechrau'r ugeinfed ganrif, daeth **West End**, **Victoria Parade** neu'r **Prom** a **South Beach** i fod. Enwau fel **Bwlch Tywod** ym mhen dwyreiniol y Prom a **Than y Bwlch** yng nghyffiniau Penrhos a ddefnyddid cyn y datblygiad hwnnw. Cyn datblygiad yr **harbwr** roedd y **Morfa Mawr** yn dir corsiog rhwng y dref a'r môr ar yr ochr ddeheuol, a thrwy'r tir gwlyb hwn llifai **afon Rhyd Hir** o'r gogledd ac **afon Penrhos** yn ymuno â hi cyn cyrraedd y môr gan ffurfio gwelyau newydd iddi hi ei hun. Dyma'r **Troellau** ac os am groesi'r rhain defnyddid **Rhyd Glai** a **Rhyd Liniog** (enw sydd i'w glywed o hyd ym Mhenrhydliniog). Roedd fferi hefyd ar gael i groesi'r afon tua'r fan lle saif Ysgol Glan-y-Môr heddiw. Llifa **afon Erch** o'r dwyrain gan ymuno â'r afonydd eraill yng nghyffiniau Carreg yr Imbill cyn llifo i **Fae Aberteifi**. Gyda'r newid cyson a fu yn ffurf yr arfordir tywodlyd hwn gellir yn hawdd gredu fod aberoedd yr afonydd hyn wedi symud yn gyson drwy'r canrifoedd. Ymddangosodd enw arall ar yr afon sy'n llifo o Bont Garreg Fechan i'r harbwr, sef **afon Talcymerau** neu **Cymerau** a olyga uniad dwy afon. Defnyddir y gair mewn enwau tai a dyma enw ysgol gynradd y dref. Cyfeirir ati gan Cynan:

Cerdd hen Afon Talcymerau
Yn murmur rhwng yr eithin pêr
Fel pe'n murmur nos baderau
Wrth ganhwyllau'r tawel sêr.

Ar y cyntaf o Orffennaf, 1899 daeth cannoedd o aelodau eglwys plwyf Llandinorwig, Deiniolen ar ymweliad â Phwllheli. Aeth nifer ohonynt allan i'r bae mewn cwch yn cael ei rwyfo gan Robert Thomas, o'r dref. Ond trodd hwyl ac antur trip Ysgol Sul yn hunllef pan ddymchwelodd y cwch a boddi deuddeg ohonynt – naw plentyn a thri oedolyn. Yn eu plith roedd gŵr a gwraig a'u tri o blant. Yr unig un a achubwyd oedd y rhwyfwr. Ni fu erioed ddigwyddiad tristach ym Mae Pwllheli, ond eto i gyd ni ddaeth y digwyddiad na'r hanes yn wybyddus hyd yn ddiweddar. Rhaid darllen llyfr Idris Thomas, *Pêl goch ar y dŵr*, i gael yr hanes yn llawn.

Yn y fan lle mae'r harbwr ym Mhwllheli heddiw roedd y **Dryllath** a oedd, mae'n debyg, yn dir uwch na'r gweddill ac a enwyd yn **Dryllath Dew (Ynys yr Harbwr)**. Diflannodd honno pan unwyd hi â'r **Cob** wrth ailddatblygu'r harbwr yn ddiweddar. Yn y gyfrol *Hanes Tref Pwllheli* gan D.G. Lloyd Hughes, mae map sy'n dangos ffurf y dref yn 1800 ac arno **Pwll Rhudder** a **Phwll Nannau** yng nghwr dwyreiniol yr harbwr.

Roedd y môr, wrth gwrs, yn dod i'r dref cyn y datblygiadau mawr a dyna sy'n egluro pam mae yma heddiw **Y Traeth** (a fu'n **Draeth Tŷ Eiddew**), **Stryd Penlan** a **Lôn Dywod**. Gyda'r datblygiadau cafwyd **Y Cob, Lôn Cob Bach, Pen Cob, Cob Glan y Don** a **Chei'r Gogledd**. Ceir darlun byw o ddatblygiad y dref yn llawn a chyfoethog yn *Hanes Tref Pwllheli*.

Bu bri mawr ar y diwydiant adeiladu llongau yng nghyffiniau'r Traeth, gyda'i oes aur yn y 1840au. Cyflogid cyfran helaeth o boblogaeth y dref yma. Adeiladwyd dros bedwar cant o longau yma rhwng 1780 ac 1880.

Hyd yn ddiweddar bu yma olion odyn galch ar gornel Penlon Caernarfon a Lôn Aber-erch. Llifai'r llanw i'r man isel, y Gors, sydd rhwng Stryd King's Head a Phentrepoeth, i roi inni'r 'pwll heli'.

I ddychwelyd at yr arfordir presennol, sylwais fod Cynan yn 'Baled Largo o Dre Pwllheli' yn sôn am **Glan Môr Solomon**. Ni chefais gadarnhad hyd yma fod yr enw hwn yn cael ei ddefnyddio ar lafar yn lleol. Rhwng **Marian y De** – yr ardal o gwmpas Bwlch Tywod – a Charreg yr Imbill ceir **Tocyn Brwyn** lle'r adeiladwyd rhan o stad dai **Morfa'r Garreg**. Trown at Cynan unwaith eto:

Ond pe baech-chi'n gadael y prom a'i swyn
Ac yn mynd ymlaen am Docyn Brwyn
Tua cheg yr Harbwr ac Afon Erch,
A'r cychod pysgota, 'doed ffordd 'no'r un ferch,
Dim ond iots . . .

Hyd yn ddiweddar roedd dau biler yn yr afon rhwng Tocyn Brwyn a Thrwyn Glan y Don – olion y **Gantri** a oedd i fod gyda'i dorau i reoli llif y llanw ac yn bont i gerddwyr fynd drosti. Ar ddechrau'r ugeinfed ganrif ar ochr Glan y Don codwyd pier **Y Gantri Ddu** ar gyfer dadlwytho pysgod cyn eu cario'n hwylus i'r orsaf. Bu bri garw ar bysgota yma o dro i dro ar hyd y canrifoedd gyda physgotwyr o ogledd Lloegr, Ynys Manaw a hyd yn oed o Jersey yn dod yma. Dywedir yr ymwelai pysgotwyr Ynys Manaw â mynwent Aber-erch i dalu gwrogaeth i'w tywysog Rhydderch Hael, brenin Ynys Manaw, y credir iddo gael ei gladdu yno. Ond edwinodd y diwydiant pysgota. Diflannodd bron yn llwyr pan beidiodd cychod *Rebecca Clark* â mynd allan oddi yma yn y 1920au.

Deil **Carreg yr Imbill** i herio'r tonnau, er ei bod hithau wedi ei naddu'n byramid. Dengys hen luniau ei bod yn graig fawr ddeniadol ar un adeg. Felly yr oedd pan brotestiodd Eben Fardd yn 'Awdl y Wimbill' yn erbyn y bwriad i'w gweithio yng nghanol y bedwaredd ganrif ar bymtheg:

Eiliwn, pe byddwn waelach
I *Graig yr Imbyll* bill bach . . .

Holl olwg dref Pwllheli
O'i heang sail dengys hi:
Llawn gyfyd Lleyn ac Eifion,
Dir-lun hardd, o dorlan hon . . .

Yng nghrombil eang yr Imbill – d'wedant
Y dodir cryf ebill;
Dyn o'i pherfedd ryfedd rill
Taranol at ryw ennill.

Gwŷr y gyrdd hyd ei gwar gerddant, – diwrnod
I'w darnio ddaw, meddant;
A'i chloddio nes byddo'n bant
Agennog, ddiogoniant . . .

Gresyn i'r hen graig, rywsut
Ado'i sail, newid ei sut.
Holl waelod tref Pwllheli
Ni byddai hardd hebddi hi . . .

Ai synnwyr yw briwsioni
Adwy'r llong yn nyfnder lli,
Onid trwm fydd trem y fan
Os tynnir Cilbost Anian.

Yn ei gyflwyniad i'r awdl cyfeiria Eben Fardd at Garreg yr Imbill fel 'ynys fechan yn y môr, gerllaw Pwllheli'. Nid oedd y dref wedi datblygu'n llawn bryd hynny.

Bu cloddio brwd yma ac allforiwyd cannoedd o dunelli o sets. Codwyd cei ger y Garreg i lwytho'r llongau a chyflogid cant saith deg o ddynion pan oedd ar ei mwyaf llewyrchus ar ddechrau'r ugeinfed ganrif. Daeth y gwaith i ben yn niwedd y 1930au a meddiannwyd y safle hyd **Drwyn y Garreg** gan gwmni gwyliau.

Yng nghesail Carreg yr Imbill ac yn agored i'r môr ceir man sydd â'i enw yn ei ddisgrifio i'r dim, **Crochan Berw**.

Fel y llifai'r afon i'r môr yn agos i Garreg yr Imbill roedd bae bychan a elwid yn **Porth Mari Bach**. Gyda'r datblygiad diweddar diflannodd hwn o dan y tomennydd graean a godwyd o waelod yr harbwr. Deuai pysgotwyr dieithr i Bwllheli i lochesu a chyfeiria D.G. Lloyd Hughes at un digwyddiad pan welsant ddrychiolaeth rhwng Tocyn Brwyn a Phorth Mari Bach. Pan ymddangosodd yr ail dro roedd ganddynt gerrig yn barod i'w lluchio ato, ond diflannodd yr ysbryd a gosodwyd y cerrig yn garnedd ar fin y dŵr. Mewn adroddiad papur newydd cyfeiriwyd at y fan fel **Carnedd y 'Witch'**. Daeth yn arferiad ymhlith trigolion y dref i ychwanegu at y garnedd trwy bentyrru cerrig gwynion arni. Bu yno hyd nes y bu'n rhaid ei symud pan godwyd cwt y bad achub ar ddechrau'r ugeinfed ganrif.

Mae **Trwyn Glan Don** hefyd wedi newid ei siâp yn arw yn ystod degawd olaf yr ugeinfed ganrif. Datblygwyd yr Hafan a bellach mae yma farina a chyfleusterau hwylio a ystyrir yn un o ganolfannau hwylio gorau Ewrop.

O'r 'Berch i Gricieth

Cyn mynd ymlaen i'r dwyrain mae rhai mannau yn y môr i sôn amdanynt. Allan yn y bae mae **Sarn Badrig** – creigiau tanddwr sy'n ymestyn ar hytraws Bae Ceredigion o Fochras ym Meirionnydd ac ymlaen i'r de o Ynys Enlli. Bu'r Sarn yn angau i lawer o longau a chaethiwyd eraill cyn cael eu codi ar y llanw nesaf. Roedd y *Kenilworth*, fel amryw o'r llongau a aeth i drafferthion yma, yn cario llwyth o gotwm o New Orleans i Lerpwl. Ar fordaith yn 1870 tybiodd y capten ei fod ar arfordir Iwerddon er ei fod mewn gwirionedd wedi hwylio heibio i oleudy Enlli. Pan welodd un o'r morwyr, wrth i'r niwl gilio yn y bore, donnau'n torri ar Sarn Badrig roedd yn rhy hwyr. Daeth badau achub Bermo a Chricieth ati a lansiwyd bad achub Aber-soch am y tro cyntaf erioed. Llwyddwyd i gael y criw i ddiogelwch ond collwyd y llong a'r rhan fwyaf o'i chargo.

Ceir lluniau diddorol o weddillion llongau yn dal i ymddangos ar Sarn Badrig ar drai mawr. Chwe llong yn unig aeth i drafferthion yma yn ystod yr ugeinfed ganrif. Mae lle i gredu fod cysylltiad rhwng Sarn Badrig a Chantre'r Gwaelod ac mai rhan o olion yr hen deyrnas sydd yma. Byddai cael gweld yn union beth sydd ar wely'r môr yn ddifyr iawn.

Mae **Bwi Pensarn**, sy'n nodi pen gorllewinol Sarn Badrig, wyth milltir i'r de o Aber-soch.

Credir bod gwely afon Glaslyn, sy'n boblogaidd gan bysgotwyr, yn ymestyn i lawr ar hytraws i'r de o Ynys Enlli. Mae **Gwely Mwd**, lle mae'r dŵr yn ddwfn ac yn ardderchog i *drawlio*, yn dilyn llinell o Benychain i Gerrig y Trai. Ar ei ben gorllewinol daw cerrig i'r golwg, y **Cracins**. Go brin fod pysgotwyr all hwylio'n igam-ogam yn eu mysg heddiw heb i'w rhwydi gael eu dal ganddynt. Ymhellach allan eto mae'r **Pwll Du** ac i ddod o hyd iddo dylid gallu gweld y Foel Gron, Mynytho yn union y tu cefn i'r Ynys Dywyll, sef ynys ddwyreiniol Tudwal. Ar y llall y mae'r goleudy! Ymhellach fyth mae **Cwtar Cilan** sy'n dyfnhau'n raddol hyd nes y bydd yn ddeg gwryd ar hugain. Gwyddoch eich bod wedi cyrraedd y dyfnder hwnnw pan allwch weld Trwyn Llanbedrog yn diflannu y tu ôl i Benrhyn Du, Aber-soch. O'r fan hon ymlaen mae **Cerrig Calch** ac ymhellach i'r de-orllewin eto **Cwter Cardigan**.

Yn ôl i'r tir ac i'r dwyrain o Drwyn Glan Don mae **Lan Môr 'Berch**, y traeth yr hiraethai Cynan amdano pan oedd yn y rhyfel:

Ac er bod eos yma bob nos i ganu serch
Mi rown y cyfan heno am draethell Aber Erch
A chri'r gwylanod lleddf eu côr
ym min y môr, ym min y môr.

Ymestyn y traeth hwn tua Thrwyn Penychain ac fe'i gelwid gan Myrddin

Fardd **Y Ro Hir**.
Ar y ffordd rhwng Pwllheli ac Aber-erch mae bwthyn bychan o'r enw Rhyd y Gwichiaid. Tybed ai yma y croesid i fynd i'r traeth i hel gwichiaid, neu a ydw i'n gorsymleiddio pethau? Cyn gosod dorau dan bont afon Erch yng nghornel harbwr Pwllheli llifai'r llanw i fyny i gyfeiriad Aber-erch gan roddi ystyr i enw'r pentref hwnnw. Ar lanw byddai llongau cario calch yn gallu hwylio cyn belled â'r **odyn**. Safai honno ar y gyffordd lle mae'r ffordd yn troi o'r lôn bost i bentref Abererch. I alluogi'r llong galch i gyrraedd yr odyn yn ddiogel roedd carreg dal wedi ei gosod ar ei phen fel y gellid mesur dyfnder y dŵr. Mae'r garreg hon, sy'n **Garreg Drai**, i'w gweld o hyd yn y cae o flaen Trigfa.

Prin iawn yw'r enwau ar y traeth. Gelwir y gwastatir sy'n ymestyn ymlaen i'r dwyrain ar ochr y tir o'r dwnan yn **Faesdon 'Berch** neu **Forfa Aber-erch**. Digon digynnwrf fu'r traeth erioed mae'n debyg ond daeth rhai llongau i'r lan yma. Daeth pum llong yma efo'i gilydd yn 1881, yn yr un storm ag aeth â'r *Cyprian* ar y creigiau yn Rhosgor. Roedd y llongau hyn wedi mynd i lochesu i'r *Roads* ond llusgasant eu hangorion a chwythwyd hwy i'r lan. Er hyn dim ond un o'r pump a gollwyd.

Yn ei gyflwyniad i Ddarlith y Bont yn 1979, *O Bwllheli i Bendraw'r Byd*, cyfeiria Aled Eames at longddrylliad yn Ionawr 1881 pan rwyfodd morwyr dwy long i'r lan yma yn eu badau achub ar ôl llongddrylliad ar Sarn Badrig. Aiff ymlaen wedyn i groniclo hanes Pwllheli yn y flwyddyn honno mewn perthynas ag adeiladu llongau a bywyd y môr yn gyffredinol.

Mewn sgwrs a gefais â Gwilym Morgan, 'Rodyn, Aber-erch, soniodd ef am dyddynnod yn agos i'r môr – Pant y Matiau, a ailenwyd yn Morfa, a Thy'n Criba' lle'r oedd dau dŷ neu dri ers talwm. Trigai hen wraig yn yr ardal a wnâi furum i'w werthu.

Mae **Trwyn Penychain** yn amlwg iawn ar yr arfordir ac wedi herio pob storm a chorwynt ar hyd y canrifoedd. Aiff Myrddin Fardd mor bell ag olrhain yr enw yn ôl i stori Cantre'r Gwaelod a honni mai llef ochain Gwyddno Garanhir, y tywysog, a roddodd fod i 'Pen Ochain'.

Ceir enwau swynol iawn yma – **Porth Preseb y Gaseg, Porth Gwymon, Porth Fach, Porth Sglodion, Clogwyn Colomennod a Phorth Fechan** sy'n draeth i ymwelwyr Butlins.

Sonnir am ogof yn arwain yr holl ffordd o Benychain i Benarth Fawr. Mae traddodiad fel hyn yn gyffredin iawn. Ond pwy a ŵyr!

Bu llys gan dywysogion Cymru ym Mhenychain yn y Canol Oesoedd. Yn ôl Colin A. Gresham, Einion ap Caradog oedd yr uchelwr yn y dyddiau pell hynny ac mor ddiweddar â dechrau'r bedwaredd ganrif ar bymtheg roedd Llys Engan yn enw ar adfail ar fin y clogwyn rhwng y penrhyn ac Afon-wen. Tybed ai yn y cyffiniau hyn yr oedd y llys ac iddo gael ei erydu ymaith gan y môr?

Yn y môr y tu allan i Drwyn Penychain ceir **Cerrig y Barcdy**. Digon undonog yw **Traeth Afon-wen** sy'n ymestyn ymlaen i'r dwyrain. Ond mae'n bwysig nodi a sylwi fod llynnau Glanllynnau a'r traeth gerllaw o ddiddordeb arbennig i wyddonwyr ac yn dwyn tystiolaeth a rydd oleuni ar effaith Oes y Rhew ar ddaear Cymru ganrifoedd lawer iawn yn ôl. Fe'i hystyrir gan ddaearegwyr fel safle eithriadol o bwysig.

Yr enw cyntaf a geir ym mhen pellaf y traeth o dan Glanllynnau yw **Traeth Mawn** ac yna ceir **Maen Gwastad** a **Cil Sion**, enwau sydd bron wedi diflannu o gof cymdeithas. Ond diolch i W.D. Jones, Bont Fechan (gynt) am eu diogelu. Eglurodd yn *Diferion Dwyfach* fod **Harbwr Rhys** yn gilfach fechan yn y tywod ac mai yma y cadwai Rhys ei gwch. Roedd Rhys yn byw yn hen dŷ Ty'n Morfa – adeilad sydd bellach wedi ei olchi ymaith gan y môr. Canodd W.D. Jones gerdd i'r fan:

'Rôl sbri'r deheuwynt pan fydd broc
O'r lein i big y morfa,
Ei hel ar frys heb falio'r chwys
I Harbwr Rhys sydd ora'.

Ac os bydd min ar awel Mai
Wrth imi groesi'r tywod,
Mi wn fod haul yn tynnu'i grys
Yn Harbwr Rhys yn barod.

Pan sgyfflai tonnau teitiau Awst
Dwmpathau hesg y morfa,
Fe lusgai Harri'r gwch ar frys
I Harbwr Rhys am noddfa.

Pan deimlaf fod y traeth yn hir,
A phwysau'r broc yn ormod,
Caf hoe heb frys, i sychu'r chwys
Yn Harbwr Rhys, rhyw ddiwrnod.

Ychydig iawn o sylw a gafodd broc môr gennyf. Bu iddo gryn bwysigrwydd ym mywyd bob dydd y trigolion ac yn drysor i'r sawl a lwyddai i'w lusgo i droed yr allt. Unwaith y byddai yno roedd cymdeithas wedi deddfu yn ei dull anffurfiol ei hun na châi neb arall gyffwrdd ag ef ac ni feiddiai unrhyw ddinesydd â rhyw waelod ynddo dorri'r gyfraith honno. Deuai hatsus a phlanciau i'r lan yn aml a mawr fyddai'r croeso a gaent. Bellach, plastig yw'r cyfan bron a hwnnw'n gwbwl ddiwerth ac yn amhydredig. Sylwais fod y traeth hwn a Phorth Neigwl wedi eu hagru yn arw ganddo.

Mae'r Ty'n Morfa presennol ar fin y twyni a thu ôl iddo gellir gweld afon Dwyfor yn rhedeg yn gyfochrog â'r arfordir cyn llifo i'r môr yn **Harbwr Dwyfor**. Cyn ei gyrraedd mae **'Rodyn** lle bu unwaith odyn galch yn siŵr, **Traeth Cregyn** sy'n ei egluro'i hun, a **Phig y Morfa** lle mae'r tir yn dod yn bigyn main i ganlyn yr afon. Bu yma brysurdeb crefftwyr, yn bysgotwyr a seiri llongau. Rhwng y fan hon ac Abercin adeiladwyd deg llong rhwng 1780 ac 1819.

Un o'r llongau hyn oedd yr *Aberkin* y sonnir amdani mewn hen gân:

Pan ddelo brig y Bercin i olwg Portinllaen
I fflio'i chyrlars cochion fel buont hwy o'r blaen.

Ychydig ffordd i fyny afon Dwyfor mae olion cei bychan a ddefnyddid i ryw ddiben flynyddoedd yn ôl.

Dychwelwn at *Bigau'r Sêr* wrth ymdrin â'r ardal hon. Yma y deuai J.G. Williams pan oedd yn blentyn a gallwn flasu'r atgofion hynny yn ei ddisgrifiadau synhwyrus. Deil y pysgotwyr i angori eu cychod yma a does unman mwy dymunol i'r crwydryn eistedd nag ar lan yr afon ar fore heulog yng nghwmni'r cychod a'r tawelwch. Bu yma ymgais rhyw dro i reoli effaith llifogydd a llanw a gwelwn olion hyn wrth ddilyn llwybr y **Clawdd Llanw** o Bont Fechan.

Daw'r ddwy afon, afon Dwyfach ac afon Dwyfor, at ei gilydd ger y Bont Fechan, y naill â'i tharddiad yng nghyffiniau Bwlchderwin a'r llall yng Nghwm Pennant. Y 'dduwies fach' a'r 'dduwies fawr' ydynt a'r cysylltiad hwn yn mynd â ni yn ôl i hud a lledrith y gorffennol. Nid oes modd dianc oddi wrth hynny yn unman ar ein taith.

Yn union yng ngheg afon Dwyfor mae'r **Pwll Du** ac ar y trwyn ar ochr ddwyreiniol afon Dwyfor, **Penrhyn Rhwydau**, lle sychai'r pysgotwyr eu rhwydau a'u trwsio fel bo'r galw. Safai bwthyn bychan o'r enw Glan Môr ar y penrhyn, ond erbyn hyn nid oes carreg ohono'n sefyll.

Mae llun Wil Edwards o Gricieth yn sefyll wrth ymyl ei gwch gyda'i gêr pysgota yn ei law i'w weld yn y gyfrol hon. Roedd ef yn dipyn o gymeriad. Sonnir amdano'n torri bad achub a gafodd oddi ar long a'i addasu yn lloches i gysgu ynddi dros nos yn yr haf fel na fyddai raid iddo ddychwelyd adref i Gricieth. Yn Nhy'n Morfa trigai John Jones a phan fyddai'r eogiaid yn mynd i fyny'r afon arferai ef chwifio cynfas wen ger ei gartref yn y gobaith y byddai Wil Edwards yn ei gweld gyda'i sbenglas o Gricieth. Byddai hyn yn arwydd iddo ddod draw.

Allan yn y môr ar drai gellir gweld tair ar ddeg o greigiau. Dyma **Gerrig Sion Crydd**. Aferai Sion fod yn grydd yn Llanystumdwy a chyfeiriai at y cerrig fel ei fuchod. Gelwir hwy gan rai yn **Wartheg Sion Crydd**.

Tueddu i ruthro a wnawn wrth gerdded ymlaen i gyfeiriad Cricieth. Ni ddeallaf fod rhyw arbenigrwydd mawr i'r rhan hon o'r arfordir, sef **Traeth Ynysgain Fawr**. Dyma lan môr plant Llanystumdwy a hyd heddiw mae gan rai trigolion hawl i fynd lawr i'r traeth i nôl gro. Byddai llong lo yn glanio yma hefyd. Mae llwybr yn mynd draw i gyfeiriad Cricieth ar hyd **Allt Glan y Môr**. Gerllaw mae tyddyn 'Dryll' sy'n rhoi ei enw i'r traeth, **Traeth y Dryll**. Enw diweddarach arno yw **Glan Môr Greaves** gan fod y traeth o dan dir Bron Eifion a dreif y fan honno yn rhedeg i lawr i'r môr. Perchennog y stad oedd J.E. Greaves ac ef a gliriodd ddarn o'r traeth i wneud lle dymunol iddo ef a'i deulu gael

ymdrochi.
　Un o'r golygfeydd mwyaf poblogaidd i ffotograffwyr cardiau post yw'r un o gastell Cricieth. Saif yn amlwg ar **Graig y Castell**. Ar drai mawr pur anghyffredin gellir cerdded o gwmpas gwaelod y graig ac yn wir, bu cynllun ar droed yng Nghricieth un tro i wneud ffordd neu lwybr o'i chwmpas. Chwaraeodd y castell ran amlwg yn hanes Cymru gan mai yma y carcharwyd Gruffudd, mab Llywelyn Fawr, gan Dafydd ei frawd. Meddiannwyd y castell gan y Saeson ac fe'i ailgodwyd gan Edward y Cyntaf. Ymosodwyd arno eto gan Owain Glyndŵr a'i adael i ddadfeilio i'r cyflwr y gwelir ef ynddo heddiw gyda'i faneri yn chwifio ar ei dyrau. Atgoffa hyn ni o un o ganeuon ffarwél y morwyr y sonnir amdani yn narlith Dr Meredydd Evans, *Canu Gwerin Llŷn ac Eifionydd*:

　　Ffarwél fo i Drwyn Penychain,
　　Ffarwél fo i'r Afon-wen,
　　Ffarwél fo i gastell Cricieth
　　Sy' â pholyn ar 'i ben.

　Wrth droed ddwyreiniol Craig y Castell mae **Abermarchnad**, neu **Ben Cei**, lle a fu'n ganolfan busnes morwrol Cricieth flynyddoedd yn ôl. Awgrymir mai hyn sydd i'w gyfrif am yr elfen 'marchnad' yn yr enw. Roedd yma dai melyn, odyn galch a llongau yn llwytho a dadlwytho. Yn y fan lle mae gorsaf y bad achub roedd Cwt Mochras lle'r arferai pysgotwyr Meirionnydd dreulio'r nos ar eu teithiau pysgota.
　Mae'r **prom**, sy'n ymestyn ymlaen yn fwaog, yn gyrchfan i lyfwyr hufen iâ Cadwalader a chanwyr-emynau-nos-Sul. Fel mae'r prom yn cychwyn gwelir morglawdd yn ymestyn dros y creigiau ac i'r môr. Syr Hugh John Ellis Nanney o'r Gwynfryn, Llanystumdwy fu'n gyfrifol am ei godi.
　Y tu draw i'r prom mae'r **Merllyn**, lle bu unwaith dŷ yn dwyn yr enw hwnnw. Caiff rhan ohono ei gydnabod fel Safle o Ddiddordeb Gwyddonol Arbennig oherwydd ei ddaeareg. Ceir clai llwydlas yma ac mae tystiolaeth yn profi y bu'r ardal hon dan rew ar ddau gyfnod gwahanol.
　Llifa **afon Geraint** i'r traeth yn **Abergeraint**. Cyfeirir ati yng Nghofnodion Cymdeithas Hanes Sir Gaernarfon (XXXVII) ac yn *Enwau Lleoedd Sir Gaernarfon* gan Myrddin Fardd. Gerllaw mae **Cerrig Gwastad** a lle mae'r môr yn bwyta'r tir, **Gallt Tanrhiwiau**. Allan yn y môr ceir rhagor o'r **Cerrig Trai**. Ymlaen wedyn i gyfeiriad y Greigddu a cheir **Neraig**. Un o'r cyfeiriadau cynharaf ato, yn ôl y diweddar Emrys Jones, yw'r un yng nghywydd Sion Phylip sy'n cyfeirio at y fan fel Heneraig, ac sy'n golygu dŵr bas. Yn ein dyddiau ni ddefnyddiwyd yr enw yn nheitl cyfrol W.R.P. George, *Cerddi'r Neraig*. Manylir ar yr enw yn rhagair y gyfrol a cheir sôn am y dywediad 'Mi glywais y Neraig neithiwr' pan fo'r

gwynt yn troi o gyfeiriad y môr i'r dwyrain, ac y mae hyn yn arwydd o dywydd braf; fe ddaw gwynt o'r môr a'r glaw gydag o, bron yn ddieithriad, ond pan fo'r gwynt yn troi i'r dwyrain yn yr haf, ac yn dwyn sŵn y môr yn araf-dorri, ac yn cael ei sugno i mewn i raean y Neraig, i glyw trigolion Cricieth fin nos fe ellwch fod yn hyderus am dywydd braf.

I'r cyn-archdderwydd 'yr awen yw clywed y Neraig yn y distawrwydd'.

Y Greigddu ac Afon Glaslyn

Draw ymhellach cawn **Rhiwfor Caerdynni**. Yn y gyfrol *Eifionydd* (Colin A. Gresham) cyfeirir at dir yn dwyn yr enw Cae Rydynin. Ymlaen eto ac ar ymylon y Greigddu mae **Ogof Ddu**. Dywed traddodiad yn *Llên Gwerin Sir Gaernarfon* fod tri cherddor – pibydd, cornor a chrythor – ar eu taith o Gricieth i neithior yn llys Bron y Foel wedi cyfarfod â gŵr a'u denodd i fyd hud a lledrith yn yr ogof hon, ac wedi diflannu yno. Ond ymhen rhai blynyddoedd clywodd un o fugeiliaid Cefn Coch lais yn dod o agen mewn craig ar lethrau Moel Hebog. Llais y pibydd a glywodd yn adrodd ei brofiad ac yn canu ar ei bib gainc 'newydd glysaf a glywodd erioed'. Galwyd y gainc yn 'Ffarwel Dic y Pibydd' a'r fan lle clywodd hi yn Fraich y Bib. Clywodd bugail arall sain corn yn canu ym Mraich y Cornor yng Nghwm Cornor. Â Myrddin Fardd yn ei flaen:

> Y Crythor, yn ôl y chwedl, a allodd ryw fodd neu gilydd, ddyfod allan drwy'r ogof yng nghwr gogleddol Moel Hebog, eithr ni allodd ymlwybro ddim pellach na Llyn-y-ddinas, cyn anadlu ymaith ei einioes. Claddwyd ef yn fan honno, ac adnabyddir ei fedd hyd heddiw wrth yr enw 'Bedd y Crythor Du', a'r ogof yn Nyffryn Meillionen wrth yr enw 'Ogof y Crythor Du'.

Hwn, meddir, oedd y crythor a roes ei enw i Dyddyn Crythor ym mhlwyf Llanystumdwy. Cyfeirir at y chwedl hon yn y gyfrol *Y Tylwyth Teg* yng nghyfres Llyfrau Llafar Gwlad hefyd.

Gelwir y trwyn sy'n gwahanu **Traeth Cricieth** oddi wrth **Draeth Morfa Bychan** yn **Greigddu**, neu **Drwyn y Pry'** i roddi iddo ei hen enw. **Penrhyn Pryfaid** a geir yn *Y Gestiana* gan Alltud Eifion. Dichon mai'r gair pryf a olyga ysgyfarnog neu ryw anifail a gaiff ei hela sydd yma. Mewn cilfach ar y traeth mae **Crochan Berwedig** lle llifa'r ffrwd sy'n sychu Llyn Ystumllyn. Ganrifoedd yn ôl âi'r môr i fyny i gyfeiriad Pentre'r-felin gan wneud Ynys Cynhaearn yn ynys go iawn. Yn y 1950au aed ati o ddifrif i sychu'r gors yn Ystumllyn a chollodd ei gwerth fel mangre nythu i lu o adar tir gwlyb prin, yn wyddau, hwyaid ac elyrch, ac o bosibl – aderyn y bwn. Ymddieithrodd y rhain, ond eto i gyd mae ynddi ddigon o werth i'w dynodi'n Safle o Ddiddordeb Gwyddonol Arbennig ac ymdrechir i greu amodau ffafriol i ddenu'r adar prin yn ôl.

Ceir nifer o ogofeydd yn y creigiau duon hyn, er bod rhai ohonynt bron wedi cau fel y mae'r llanw wedi cario tywod yn ôl ac ymlaen iddynt ar hyd y blynyddoedd. I un ohonynt yr aeth yr *Owen Morris*, sgwner o Borthmadog oedd yn dychwelyd adref o Labradôr yn 1907, gyda balast. Aeth ar ei thrwyn i un o'r ogofeydd a chollwyd hi. Daw ei hasennau i'r golwg ar y traeth yn achlysurol, yn weddol agos i'r ogof honno lle y collwyd hi. Mae llun ohoni ar y creigiau i'w weld yn y gyfrol *Shipwrecks of North Wales*.

Cefais sgwrs hynod o ddiddorol ynglŷn â'r ardal hon gydag Emlyn Jones, Morfa Bychan, gŵr sy'n ymddiddori'n ddwfn yn hanes ei fro ac sy'n ddidwyll ei bryder am ei dyfodol. Eglurodd yr arferai afon Glaslyn lifo i lawr y Traeth Mawr a throi i'r dde ger Ynys Cyngar i gyfeiriad Morfa Bychan ers talwm ac nid ymuno ag afon Dwyryd i lifo gyda'i gilydd i'r môr fel y gwnânt yn awr. Dirwynai y pryd hwnnw i'r fan lle mae Llyn y Garreg Wen, troi ar ei sawdl yno gan ddilyn y clogwyn tua'r gorllewin at Ben Rhyd Fychan, trwy bwll Tyddyn Adi, Cors Glan Morfa Mawr, heibio Ffynnon Cefn ac i'r môr ger y Greigddu.

Ar ochr ddwyreiniol y Greigddu mae dwy ogof – **Ogof Ddrewllyd** sydd agosaf i Gricieth, ac **Ogof Fawr**. Fe gofia Emlyn Jones ei fod yn gallu mynd i mewn i Ogof Ddrewllyd ac yna stryffaglio trwodd ac allan ar ei bedwar trwy **Ogof Owen Morris** pan oedd yn fychan. Does dim modd gwneud hynny heddiw.

Ar ben y Greigddu mae **Craig yr Eryr** ac yn ymyl mae fferm Pen y Trip. O'r fan honno mae llwybr a grisiau yn rhedeg i lawr y clogwyn i faes carafannau. Arferai'r fan hon fod o dan y môr. Âi'r môr i fyny i gyfeiriad fferm **Porth yr Hirfaen** ac at dyddyn a elwid yn Mount (Mount Pleasant). Roedd glanfa yma ar gyfer llwytho llechi garw a ddeuai i lawr ar geir llusg o chwareli Pennant a Chwm Ystradllyn. Gwyddom yr angorid llongau yn nes i'r dwyrain ym Mhen Rhyd Fechan gan fod dolennau i'w gweld yn y graig yno hyd yn ddiweddar.

Mae Alltud Eifion yn cyfeirio at **Borth Sant Defynnog** a oedd, meddai, ar ochr ddwyreiniol y Greigddu.

Wrth gerdded ymlaen ar hyd **Traeth Morfa Bychan** caiff rhywun y teimlad ei fod yn mynd ymlaen ac ymlaen am byth. Y cyfan a welir yw milltiroedd o draeth a gyrwyr gorffwyll yn gwibio yn ôl ac ymlaen. Nid oes dim yn torri ar yr undonedd ar wahân i **afon Treflys** sy'n llifo ar draws ei ganol, ac **afon Morfa** sy'n llifo o Lyn y Garreg Wen ac i'r môr yn nes i'r dwyrain. Ond er i mi ei weld yn undonog ac anniddorol, gwelodd gwyddonwyr werth garw yn y twyni oherwydd yr amrywiaeth planhigion a dyf yma, ac fe'i dynodwyd felly yn Safle o Ddiddordeb Gwyddonol Arbennig.

Gelwir y brif ffordd drwy'r Morfa Bychan yn **Ffordd Trwyn y Penmaen**, a ffordd arall sy'n rhedeg i'r traeth yn **Ffordd Gwydryn**. Cafodd hon ei henw am fod gweithdy gwydrwr gerllaw. Pam, o pam mae angen defnyddio *Beach Road*!

Ym Morfa Bychan fe fu ysbyty heintiau a adeiladwyd yn arbennig ar gyfer y llongwyr a ddioddefai o *Yellow Jack* – salwch marwol y dwymyn felen. Y bwriad oedd i bob morwr a ddioddefai ohono adael y llong cyn cyrraedd Porthmadog er mwyn sicrhau nad aed â'r haint i'r porthladd. Nid oes unrhyw gofnod swyddogol i'r ysbyty gael ei ddefnyddio erioed, er y dywedir yn lleol i un morwr gael ei dderbyn iddo.

Y tu hwnt i'r traeth gwelir mynyddoedd Meirionnydd a rhyngom a'r rheini llifa **afon Glaslyn** i'r môr ar hyd y **Traeth Mawr**. Trwy'r Traeth

Bach y llifa **afon Dwyryd**, neu **afon Traeth Bach** i ddefnyddio enw pobol Borth-y-gest arni. Ymuna'r ddwy wedyn gan lifo i'r môr dros **Far Porthmadog**, tua dwy filltir i'r de o Ynys Gyngar. Roedd tynfad ager yn arfer mynd allan at fwi du i dynnu'r llongau dros y bar i ddiogelwch harbwr Porthmadog. Yn 1882 roedd y *Sedulous* yn cario llwyth o bowdwr ar gyfer y chwareli ac am ei ddanfon i mewn i'r Port. Arferai llongau cario powdwr ddocio ym **Mhwll Glanmor** er mwyn bod yn glir oddi wrth longau eraill, a byddent bob amser yn chwifio baner goch i ddangos y perygl. Gorchmynwyd i gapten y *Sedulous*, oherwydd natur ei chargo, angori yn y *Roads* ger Ynysoedd Tudwal ac aros yno am beilot. Gwnaeth hynny, cyn hwylio ymlaen i gyfeiriad y bar. Fel yr oedd y *Sedulous* yn cyrraedd y bar sylwodd y peilot fod y tynfad yn mynd â llong arall i mewn. Penderfynodd yntau fod digon o ddŵr a chredai y gallai hwylio i mewn yn ddigymorth. Yn anffodus roedd y peilot wedi gadael pethau braidd yn hwyr, roedd y llanw yn ei herbyn a thawelodd y gwynt. Cariwyd y *Sedulous* yn ôl i'r bar a glynodd arno. Torrwyd hi gan y tonnau ac ni fu fawr o dro nad oedd yn ddrylliau. Yn ffodus, llwyddodd y criw i gyrraedd y lan ond collwyd y llong.

Pan gyrhaeddir afon Glaslyn, **Ynys Cyngar** yw'r penrhyn sydd ar y chwith. Dywedir mai Cyngar ab Geraint oedd y sant Cymreig a roddodd ei enw i'r fan hon. Roedd yn ewythr i Sant Cybi a dychwelodd y ddau ohonynt i Gymru ar ôl treulio amser ar Ynysoedd Aran, Iwerddon. Sancteiddiwyd eglwys Borth-y-gest iddo.

Yma, yn Ynys Cyngar, bu porthladd flynyddoedd yn ôl, ac i'r fan hon y deuai'r llongau i'w llwytho â llechi Ffestiniog ar gyfer eu hallforio cyn gwneud y Cob ym Mhorthmadog. Deuai'r llechi i lawr ar droliau i lannau afon Dwyryd yn y Gelli Grin a Thrwyn y Garnedd, oedd ychydig yn nes i'r môr na Maentwrog. Yno fe'u llwythid i gychod gan ddynion cryfion a elwid yn Philistiaid a'u hwylio am ddeuddeg swllt y dunnell i Ynys Cyngar. Yno fe'u trosglwyddid i longau mwy i wynebu'r môr mawr.

Mae'r odyn galch a fu am flynyddoedd o dan y tywod yn Ynys Gyngar i'w gweld heddiw. Bu yma gwt powdwr lle cedwid y ffrwydron ar gyfer y chwareli llechi ar ôl eu dadlwytho oddi ar y llongau. Dywedir yn *Porthmadog Ships* fod gweddillion y *Six Brothers* a gollwyd yn 1867 i'w gweld yma ar drai.

Dilyn glan yr afon a wneir yn awr i gyfeiriad Borth-y-gest, a dyma **Fae Samson** neu **Glan Môr Bach** neu'r **Ynys**. Ar yr allt uwchben mae **Carreg Samson**, carreg yr honnir i Samson yr Hen Destament ei thaflu yma o rywle. Mae un arall yn dwyn yr un enw ar Fynydd yr Ystum ym mhen draw Aberdaron. Samson oedd enw un o brif seintiau'r eglwys Geltaidd ac er iddo weithio'n galed a sefydlu eglwysi yn neheudir Cymru, ni ellir darganfod cysylltiad rhwng yr enw a Llŷn ac Eifionydd. Enw arall ar y graig hon yw **Carreg Simsan**. Eglurwyd yr enw gan Emlyn Jones pan ddywedodd yr arferent ddringo ar y graig a'i siglo pan oeddynt yn blant.

Tybed ai hwn yw'r ffurf gywir ond bod mwy o ramant yn perthyn i'r llall? Ar ddechrau'r ugeinfed ganrif roedd llyn islaw'r garreg gyda gwelltglas yn tyfu o'i gwmpas. Bellach fe'i collwyd o dan y môr.

Dros y clogwyn deuir at y Garreg Wen, cartref y telynor Dafydd y Garreg Wen. Gellir gweld ei fedd, gyda llun telyn ar y garreg, ym mynwent Eglwys Ynys Cynhaearn. Gerllaw mae Garreg Wen Bach a fu unwaith yn dafarn. Gelwid hi, o bob enw, yn Dafarn Pwdin Reis oherwydd bod llongwyr, wedi glanio yn Ynys Cyngar ar ôl mordaith bell, yn medru prynu tafell o bwdin reis gyda'u diod!

Gerllaw ceir **Ogof Halen**. Tybed a oes cysylltiad rhyngddi a smyglo halen ers talwm? Mae twll trwyddi i'w weld heddiw, ond flynyddoedd yn ôl gellid dringo i fyny trwyddi i ben yr allt.

Yn nes ymlaen ar derfyn Bae Samson mae **Trwyn Porth Fechan** ac arno mae **Creigan Nwc**. Y traeth nesaf yw **Porth Fechan** a **Charreg Goch** ar y trwyn, a hwnnw a rydd ei enw i'r traeth, sef **Bae Garreg Goch**. Ceir peth amwysedd ynglŷn â lleoliad **Craig Gomer** yn *Porthmadog Ships*; ar ddau fap fe'i lleolir yng nghyffiniau Bae Carreg Goch, ond gesyd Emrys Hughes hi yn uwch i fyny'r afon. Ymddengys ar fapiau o'r bedwaredd ganrif ar bymtheg fel craig ar fin yr afon a gellir tybio fod yn rhaid i longau fod yn ofalus rhag mynd yn ei herbyn. Bellach mae wedi ei chladdu bron yn gyfangwbl yn yr afon ac anaml iawn y daw i'r golwg. Dywedodd David Rees Davies iddo ei gweld hi unwaith flynyddoedd yn ôl.

Y penrhyn nesaf yw **Trwyn Borth** a chyfeirir ato'n lleol fel **Carreg y Llam**. Heibio hwn eto a byddwn ym **Morth-y-gest**. Cafodd y pentref ei enw o'r mynydd gerllaw, Moel y Gest. Eglurir yr elfen 'cest' fel gair am fol mawr neu gawell ac fe'i defnyddir hefyd am howld llong. Wrth ddwyn i gof brysurdeb Porth Dinllaen sonia J. Glyn Davies am

> Long gestog yn dadlwytho glo
> yn sych ar dywod.

Bu bri ar adeiladu llongau ym Morth-y-gest a hynny cyn dechrau adeiladu ym Mhorthmadog.

Dywedodd Evan Henry Williams y byddai ei dad yn dweud fel yr hwyliai tair ar ddeg o longau i fyny'r afon, a'r un nifer i lawr ar bob llanw pan oedd Porthmadog ar ei brysuraf.

Cododd y pentref lu o gapteiniaid a sonia Aled Eames yn ddifyr iawn amdanynt yn ei gyfrol *Meistri'r Moroedd*. Mae'n dyfynnu o sgwrs a gafodd â hen wraig o'r pentref pan ddywedodd hi,

> Dwi'n cofio'r harbwr 'ma'n llawn o longau hwyliau a'r peilots yn methu cael lle i'w rhoi nhw; roedd fy nhad yn beilot, a fo oedd yr unig un a achubwyd pan foddwyd y gweddill o'r peilots pan suddwyd eu cwch un noson.

Telir teyrnged i'r dynion hyn a'u cyd-beilotiaid yn *Immortal Sails*. Dynion Borth-y-gest oeddynt a'u sêl a'u teyrngarwch yn ddi-ildio. Dibynnai bywydau'r morwyr, diogelwch y llongau a llwyddiant yr harbwr a'r diwydiant llechi ar eu heffeithiolrwydd. Cartrefai'r peilotiaid yn **Nhai Peilots** ar fin y dŵr ger Carreg y Llam.

Gelwir y bae hwn yn **Fae Borth**. Y trwyn ym mhen pellaf y bae yw **Trwyn Cae Iago** – **Trwyn Cae'r Ogo'** oedd un enw a glywais mewn sgwrs. Y cyntaf sydd fwyaf tebygol o fod yn gywir, er bod **Yr Ogof** gerllaw.

Nesawn at Borthmadog yn awr, ond anodd iawn yw gwneud cyfiawnder â'r porthladd hwn a fu'n hynod o brysur unwaith. Allforid llechi Ffestiniog ohono ac roedd yn ganolfan adeiladu llongau. Mae llawer iawn wedi ei ysgrifennu amdano felly y cyfan a wneir yma yw cyfeirio at yr ychydig enwau sy'n gyfarwydd i mi ar hyd glannau afon Glaslyn.

Llwythid y llechi a ddeuai i lawr o'r chwareli yn y **Ceia**. Roedd nifer ohonynt yn eiddo i'r cwmnïau chwareli, rhai fel **Cei Cwmorthin, Cei Maenofferen, Cei Foty, Cei Diffwys, Cei Welsh Slate, Cei Greaves** ac ati. Rhestrir hwy ar fap yn *Porthmadog Ships*. Mae'r **Grisiau Môr** yn rhedeg i lawr at y dŵr yn **Pen Cei**. Dros yr afon yn yr **Ochr Draw** yr oeddynt yn malu hen longau yn y **Rotten Tare** ac yn is i lawr mae **Cei Balast** lle dadlwythid y balast a ddygid yma o bedwar ban byd. Ceir yma, meddir, bob math o blanhigion, mwynau a cherrig.

Yn y fan lle'r oedd Cei Greaves yr adeiladodd Henry Jones longau gyntaf ym Mhorthmadog yn 1827. Gelwid y fan yn **Ganol y Clwt** bryd hynny. Bellach mae Cei Greaves wedi'i droi'n Amgueddfa Forwrol ddiddorol, a diflannodd y *Rotten Tare* dan dai haf hyll.

Rhaid fu naddu'r penrhyn a elwid **Y Garth** i adeiladu'r ceiau gorllewinol. Ar y penrhyn roedd ffordd o'r enw **Ffordd Clogwyn y Big** a arweiniai ymlaen i Drwyn Cae Iago. Collwyd y ffordd yn sgîl y datblygiad, er bod peth ohoni i'w gweld o hyd ger **Yr Hen Odyn**. Wrth droed y clogwyn heddiw mae **Lôn Cei**. Ar **Ben Cei** roedd **Cartref y Morwyr** – ysbyty ar gyfer morwyr gwael cyn y Rhyfel Byd Cyntaf a man y gallai'r morwyr droi i mewn iddo tra oedd y llong yn yr harbwr.

Gŵyr pawb am y **Cob** ac am hanes ei adeiladu gan William Alexander Maddocks. Canlyniad hynny fu sefydlu porthladd Porthmadog yn 1824. Rhwng y Cob a **Phont y Glaslyn** saif **Ynys Trwyn** ac oddi ar gwr honno y cychwynna trên bach Ffestiniog ei thaith i'r mynyddoedd trwy Benrhyndeudraeth a Maentwrog. Dyma'r trên a ddeuai â llechi i lawr o'r chwareli i'r ceiau ar gyfer eu hallforio.

Cyn codi'r morglawdd mawr adeiladwyd y **Cob Crwn**. Mae'n ymestyn ar dro o Ynys Tywyn i gyfeiriad y **Traeth**. O'i fewn yr oedd **Llyn Bach**, a gynlluniwyd fel harbwr mewnol ac a oedd i gynnwys ceiau. Ni wireddwyd y cynllun. Gellir cerdded o'r stryd – o Ben yr Ynys – dros y **Bont Newydd** lle mae dorau'r harbwr ac ymlaen ar hyd y Cob Crwn.

Cyn adeiladu'r cob arferai'r môr lifo i fyny cyn belled â **Phont Aberglaslyn**. Gelwid y morfa gwastad hwn yn **Draeth Mawr** neu **Ddyffryn Madog** ac fe'i croesid i fynd a dod o Feirion. Dyna'r trafferthion a wynebai'r porthmyn a rhaid fyddai iddynt aros ym **Mhenamser** hyd nes y byddai modd croesi. Corlannent y defaid yng Nghwtydefaid. Ceir cyfeiriad at hyn yn *Y Porthmyn Cymreig* yng nghyfres Llyfrau Llafar Gwlad.

Arhosodd un ferch ifanc yn amyneddgar am ddyddiau neu wythnosau yn ystod y Rhyfel Cartref hyd nes y cafodd yn y diwedd groesawu ei chariad yn ôl gartref:

Ni waeth gennyf p'un a wnelo
Y Traeth Mawr, ai llenwi ai treio;
Fe ddaeth trwyddo er ys dyddiau
Glas ei glog a gloyw'i gleddau.

Yn y Traeth Mawr ceir amryw o ynysoedd a restrir yn *Y Gestiana* megis **Ynys Pensyflog, Ynys y Gwartheg, Ynys Hir, Ynys Fadog, Ynys Galch, Ynys Cerrig Duon, Ynys Towyn, Ynys Carreg Aethnen** ac **Ynys Pen yr Heli**. Dysgais bennill flynyddoedd yn ôl am 'filgwn Jones Ynysfor, ar ôl y llwynog bach' heb sylweddoli o gwbl bryd hynny mai ynys yng nghanol y môr ydoedd rhyw dro.

Cyn codi'r cob byddai sgwneri bychain yn mynd trwy Borthmadog cyn belled â Lloches Meurig, yn agos i'r fan lle mae mynwent Minffordd heddiw. Dywedodd Ifan Lewis wrthyf fod tyllau ebillion i'w gweld o hyd ble'r oedd y dolennau a ddefnyddid i ddal y llongau.

Rhestrir llongau a adeiladwyd ym Mhorthmadog yn y gyfrol *Hen Longau Sir Gaernarfon* ond eglurir bod y rhestr hon yn cynnwys llongau Borth-y-gest yn ogystal. Bu prysurdeb garw yma am bron i ganrif. *Y Gestiana* oedd y llong olaf i'w hadeiladu yma yn 1913. Dyfynna David Thomas awdur arall yn disgrifio'r sgwneriaid tri mast a hwyliai rhwng Porthmadog a Newfoundland:

Llongau heirdd odiaeth oeddynt. Rhoddai lluneidd-dra eu cyrff a chymesuredd eu hwylbrennau uchel ryw harddwch iddynt, yn hwylio ar eu taith neu'n gorffwys wrth angor, na fu ei ragorach yn holl hanes y llongau hwyliau.

Ac mi fyddai pawb ym Mhorthmadog yn cytuno.

* * *

Bu hon yn daith o gan milltir a phob modfedd ohoni'n ddifyr, yn gyfoethog ac yn amrywiol. Ni allaf ond eich annog i grwydro'r arfordir, i werthfawrogi ei harddwch a thrysori a gwarchod pob troedfedd ohono. Mae cyfoeth a chysylltiadau'r enwau yn rhan o'n hetifeddiaeth. Gwarchodwn hi.

Llyfryddiaeth

Alltud Eifion, *Y Gestiana* (Porthmadog 1975 [ad-argraffiad]).
Barber, Chris a Pykitt, David, *Journey to Avalon* (Y Fenni, 1993).
Baring-Gould and Fisher, *The Lives of the British Saints*.
Bassett, T.M. a Davies, B.L., *Atlas Sir Gaernarfon* (Caernarfon, 1976).
Burras, N. a Stiff, J., *Walks on the Llŷn Peninsula (Part 1)*, (Llanrwst, 1995).
Burras, N. a Stiff, J., *Walks on the Llŷn Peninsula (Part 2)*, (Llanrwst, 1996).
Burton, Graham, *Gwylio Adar ym Môn a Llŷn* (RSPB, 1990).
Cyngor Dosbarth Dwyfor, *Cylchdaith Nant Gwrtheyrn* (dim dyddiad).
Daniel, Catherine, *Enlli, Porth y Nef* (Lerpwl [dim dyddiad]).
Daniel, J. (Rhabanian), *Hynafiaethau Lleyn* (Bangor, 1982).
Davies, Edward, *Hanes Porthmadog – ei chrefydd a'i henwogion* (Caernarfon, 1913).
Davies, D.T. (Gol.), *Hanes Eglwysi a Phlwyfi Lleyn* (Pwllheli, 1910).
Davies, Hettie Glyn, *Hanes Bywyd J. Glyn Davies* (Lerpwl, 1961).
Davies, J.Glyn, *Cerddi Edern* (Lerpwl, 1955).
Eames, Aled, 'Portinllaen', *Lleufer* (Gaeaf 1947).
Eames, Aled, *Llongau a Llongwyr Gwynedd* (Biwmares, 1976).
Eames, Aled (Gol.), *Cymry a'r Môr* (Cyfres Flynyddol) (Caernarfon [dechrau'r gyfres: 1976]).
Eames, Aled, *Meistri'r Moroedd* (Dinbych, 1978).
Eames, Aled, *O Bwllheli i Bendraw'r Byd* (Pwllheli, 1979).
Eames, Aled, *Heb Long wrth y Cei* (Capel Garmon, 1989).
Evans, Ioan Mai, *Crwydro Llŷn* (Llansawel, 1968).
Evans, Ioan Mai, *Chwareli Ithfaen Pen Llŷn* (Capel Garmon, 1990).
Evans, Ioan Mai, *Llŷn Trwy Ffenestri Cefnamwlch* (Pwllheli, 1990).
Evans, Dr Meredydd, *Canu Gwerin Llŷn ac Eifionydd* (Pwllheli, 1984).
Goodman, Dic (Gol.), *Englynion o Lŷn* (Nant Peris, 1978).
Goodman, Dic, *I'r Rhai Sy'n Gweld Rhosyn Gwyllt* (Porthmadog, 1979).
Griffith, E.J., *Mynd a Dod ar Benrhyn Llŷn* (Pwllheli, 1985).
Griffiths, Griffith, *Blas Hir Hel* (Porthmadog, 1976).
Gruffydd, Elfed, *Llŷn* (Llanrwst, 1998).
Gwyndaf, Robin, *Blas ar Fyw* (Pwllheli, 1989).
Hughes, D.G. Lloyd, *Hanes Tref Pwllheli* (Llandysul, 1986).
Hall, Edmund Hyde, *A Description of Caernarvonshire (1809-1811)* (Caernarfon, 1952).
Hughes, Emrys a Eames, Aled, *Porthmadog Ships* (Caernarfon, 1975).
Hughes, E.G., *Cyfres Beirdd Bro – Rhif 7* (Abertawe, 1978).
Hughes, Henry, *Immortal Sails* (Prescot, 1969).
Huws, J.O., *Y Tylwyth Teg* (Capel Garmon, 1987).
Jackson, Derrick, *Lighthouses of England and Wales* (Newton Abbott, 1975).
Jarvis, Branwen (Gol.), *Syr Thomas Parry* (Cyfres Bro a Bywyd) (Caerdydd, 1987).
Jones, A.E. (Cynan), *Cerddi Cynan* (Lerpwl, 1959).
Jones, Bedwyr Lewis, *Blas ar Iaith Llŷn ac Eifionydd* (Capel Garmon, 1987).
Jones, Charles, *Cyfres Beirdd Bro – 6* (Abertawe, 1977).
Jones, Emyr Wyn, *Ysgubau'r Meddyg* (Y Bala, 1973).
Jones, Gwilym, *Y Ffordd i Enlli* (Bangor, 1986).
Jones, Harri E., (Gol.), *Tywysog ei Gymdogaeth* (Caernarfon [dim dyddiad]).
Jones, Ivor Wynne, *Shipwrecks of North Wales* (Newton Abbott, 1973).
Jones, Jennie, *Tomos o Enlli* (Llanrwst, 1999).
Jones, John F.R.G.S., *Cofiant Capten Hughes* (Dolgellau, 1898).
Jones, John (Myrddin Fardd), *Caniadau Ieuan Lleyn* (Pwllheli, 1878).
Jones, John (Myrddin Fardd), *Enwau Lleoedd Sir Gaernarfon* (Caernarfon 1913)
Jones, John (Myrddin Fardd), *Llên Gwerin Sir Gaernarfon* (Caernarfon, 1908).
Jones, John (Myrddin Fardd) (Gol.), *Gwaith Barddonol Owain Lleyn* (Pwllheli, 1909).

Jones, Peter Hope, *Enlli Ddoe a Heddiw* (Caernarfon, 1987).
Jones, R. Gerallt ac Arnold, Christopher, *Enlli* (Caerdydd, 1996).
Jones, W.D., *Diferion Dwyfach* (Penygroes, 1982).
Jones-Pierce, T., *Medieval Welsh Society* (Gol. J. Beverley Smith) (Caerdydd, 1972).
Lynch, Frances, *A Guide to Ancient and Historic Wales – Gwynedd* (HMSO, 1995).
Lloyd, Lewis, *The Port of Caernarfon, 1793-1900* (Lewis Lloyd, 1989).
Lloyd-Jones, J., *Enwau Lleoedd Sir Gaernarfon* (Caerdydd, 1928).
Llwyd, Alan, *Cerddi Alan Llwyd* (Barddas, 1990).
Owen, Gwilym, *Pentref Trefor a Chwarel yr Eifl* (1972).
Parry, Gruffydd, *Crwydro Llŷn ac Eifionydd* (Llandybie, 1966).
Parry, Gruffydd, *Yn ôl i Lŷn ac Eifionydd* (Pwllheli, 1969).
Parry, Henry, *Wrecks and Rescues on the Coast of Wales – Lifeboats of Cardigan Bay and Anglesey* (Truro, 1969).
Parry, R. Williams, *Cerddi'r Gaeaf* (Dinbych, 1952).
Roberts, Megan, *Puryd a Mân Us* (Llyfrgell Gwynedd, 1983).
Roberts, Iona, *Hen Luniau Edern a Phorthdinllaen, Cyf. 1, 2 a 3* (Caernarfon, 1987-89).
Rowlands, John, *Olwynion Aflonydd* (Porthmadog, 1970).
Thomas, David, *Hen Longau Sir Gaernarfon* (Caernarfon, 1952).
Thomas, Ebenezer (Eben Fardd), *Cyff Beuno* (Tremadog, 1863).
Thomas, Ebenezer, *Gwaith Eben Fardd* (Bryngwydion, 1873 [tybir]).
Thomas, Idris (Gol.), *Dinas ar Fryn* (Trefor, 1979).
Thomas, Idris, *Pêl goch ar y dŵr* (Llanrwst, 1999).
Thomas, R.S., *Blwyddyn yn Llŷn* (Caernarfon, 1990).
Williams, Syr Ifor, *Enwau Lleoedd* (Lerpwl, 1945).
Williams, J.G., *Pigau'r Sêr* (Dinbych, 1969).
Williams, J.O. (Pedrog), *Stori 'Mywyd* (Lerpwl, 1932).
Williams, J.T., *Y Pistyll Cyntaf* (Pwllheli 1920).
Williams, J.T., *Yr Ail Bistyll* (Caernarfon [dim dyddiad]).
Williams, W. Alister, *Old Pwhlheli* Vol. 1 (Wrecsam, 1990).
Williams, Griffith R., *Cofio Canrif* (Caernarfon, 1990).
Williams, H.D., *Ynys Enlli* (Porthmadog, 1979).
Williams, Wil, *Mwyngloddio ym Mhen Llŷn* (Llanrwst, 1995).

Cyfansoddiadu a Beirniadaethau yr Eisteddfod Genedlaethol: Eisteddfod Dyffryn Maelor, 1961, Eisteddfod Llangefni, 1983.

Trafodion Cymdeithas Hanes Sir Gaernarfon (Blynyddol).

THE
Rhoshirwaen Coal & Mining Company,
(LIMITED).

Syr,

Yr ydwyf wedi fy nghyfarwyddo i'ch hysbysu fod y Cyfarwyddwyr wedi penderfynu heddyw wneud galwad o £ — s. 5 d. y rhan-dâl ar yr oll o run-daliadau'r Cwmni, i'w dalu ar y ~ 11 dydd o *Rhagfyr*, ac yr ydwyf drwy hyn yn ymofyn oddiarnoch chwi y swm o £ = 5/— sef £ = 5/— , y rhan-dâl ar *100* o run-daliadau a ddelir genych. Byddwch cystal a'u talu yn ei i mi, neu i Feistri Pugh, Jones & Co., yn Mhwllheli.

Rhoddir dangosiad i chwi gan y derbynydd yn y ffurf ganlynol.

Ydwyf, yr eiddoch, &c.,

Richard Hughes

YSGRIFENYDD.

———

Derbyniwyd y *11* dydd o *Rhagfyr* 1888, gan y RHOSHIRWAEN COAL & MINING CO., LIMITED, oddiwrth Mr. *John Williams* swm o £ = 5/— sef swm yr alwad o £ = 5/— y rhan-dâl ar *100* o run-daliadau.

Arwyddwyd *Richard Hughes*

ATODIAD 1

Adar ar Arfordir Dwyfor

Dangosodd R.S. Thomas yn ei ddyddiadur *Blwyddyn yn Llŷn* gymaint o bleser a gaiff wrth wylio adar. Pan oedd yn byw yn Llŷn, nid oedd wythnos yn mynd heibio, rwy'n siŵr, nad oedd yn ymweld ag un o'i hoff fannau gwylio, boed yn Fynydd Mawr, Porth Golmon neu Ben Cilan. Gofynnais iddo nodi pa adar y disgwyliai ef eu gweld ar ei ymweliadau, a chefais y detholiad canlynol ganddo:

Porthladd Pwllheli
Gyda'r llanw – hwyaden wyllt, hwyaden yr eithin, hwyaden llydanbig a'r gwyach fach yn y gaeaf. Gyda'r distyll – rhydyddion megis pibydd goesgoch, cwtiad torchog a'r goeswerdd yn yr hydref, a'r rhostog cynffon frith a phibydd y mawn yn y gaeaf.

Pen Cilan
Mulfran, gwylan goesddu, aderyn drycin y graig a'r hugan yn yr haf a'r hydref.

Pen y Cil a Braich y Pwll
Aderyn drycin manaw yn y Swnt yn yr haf. Gwylan benwaig, gwylan gefnddu fwyaf, tinwen y garn, clochdar y cerrig yn yr haf, a'r frân goesgoch gydol y flwyddyn.

Porth Meudwy
Yn yr haf – siffsaff, telor yr helyg a'r telor penddu. Yn yr hydref – coch dan adain a dryw eurben.

Porth Golmon
Diwedd yr haf i'r hydref – trochyddion, morwennol bigddu, morwennol gyffredin a morwennol y Gogledd, a'r sgiwod.

Yr Eifl
Mwyalchen y mynydd.

Rai blynyddoedd yn ôl, cyhoeddwyd *Llawlyfr RSPB i wylio Adar ym Môn a Llŷn* ac ynddo ceir manylion am y llwybrau difyrraf i'w dilyn a pha adar y gellir eu gweld.
    Ymhlith llwybrau'r arfordir rhestrir Porth Meudwy, Braich y Pwll a Phorth Ysgo ym mhen draw Llŷn, gyda Thrwyn Cilan, Mynydd Tir Cwmwd, afon Penrhos a Phwllheli ar hyd arfordir y de. Argymellir Ty'n Morfa ger ceg afon Dwyfor fel lle da arall. Ar arfordir y gogledd canmolir Trwyn Porth Dinllaen. Ynys Enlli yw un o'r mannau enwocaf, wrth gwrs, gyda rhyw 165 o rywogaethau o adar yn cael eu cofnodi yno bob blwyddyn, a nifer ohonynt yn adar prin yn croesi neu'n gorffwyso ar yr ynys ar eu teithiau ymfudol.

ATODIAD 2

Drifftio i Iwerddon

Dau Gymro a'r Cwch Bach – 35 awr ar y tonnau

Fe gafodd dau lanc o Dudweiliog, Sir Gaernarfon, eu chwythu drosodd i Iwerddon mewn cwch bach yr wythnos ddiwethaf. Y ddau lanc oedd J.E. Jones (25) a Thomas J. Roberts (15).

Aethant allan ddydd Mercher i osod cewyll ym mae Caernarfon. Collwyd rhwyf, ac yr oedd y cwch wedyn ar drugaredd y gwynt a'r teidiau.

Tua hanner nos, nos Iau fe gyrhaeddodd y cwch lannau Iwerddon, a golchwyd ef i'r lan ar draeth Kilkeel, Co. Down, pan oedd y ddau lanc bron ar ddiffygio, wedi bod yn y cwch am 35 awr. Yr oedd y gwynt yn uchel a'r môr yn rhedeg yn gryf, a throwyd y cwch ar y traeth, ond cafodd y ddau i'r lan yn ddiogel.

Yn fore ddydd Iau ceisiodd y bechgyn dynnu sylw llong tu allan i Gaergybi, ond yr oedd yn rhy dywyll i'r llong eu gweled. Eu hunig obaith oedd llywio o flaen y gwynt yn y gobaith y gallent gyrraedd Iwerddon. Torrai'r môr drosodd i'r cwch, a chyda'i het y daliodd Jones i'w hysbyddu.

'Yr oeddem bron ar anobeithio,' meddai. 'Yn y gwyll gwelais dir, ac ymhen amser golchwyd ni i'r lan ar draeth Kilkeel. Trodd y cwch a thaflwyd ni i'r dŵr, ond yr oeddem yn fuan yn y lan.'

Yr oedd llawenydd mawr ym mhentref Tudweiliog ganol nos Iau, pan ddaeth y newydd fod y bechgyn yn ddiogel. Mr D. Griffith, y postfeistr, a aeth â'r newydd da i gartref un o'r bechgyn. 'Mae'r hogiau'n fyw,' oedd ei neges. Yr oedd y tŷ bron yn llawn o gymdogion trwy'r nos yn cydlawenhau.

Nid oedd Mrs Jones, mam un o'r bechgyn, wedi anobeithio.

'Roeddwn yn teimlo'n sicr,' meddai, 'bod y bechgyn yn fyw o hyd. Yr oedd rhyw sibrwd yn fy nghlust, "Peidiwch â phoeni, Mam, rydan ni'n ddiogel".'

Cafodd y ddau fachgen groeso mawr pan gyraeddasant adref ddydd Sadwrn. Ymgasglodd torf fawr i orsaf Pwllheli i'w croesawu. Ymgasglodd trigolion Tudweiliog i'r pentref yn gynnar i ddisgwyl am y bws.

Canmolai'r bechgyn garedigrwydd pobl Iwerddon. Cawsant gyflawnder o arian, sigarennau a phob math o anrhegion ganddynt, a'r gofal mwyaf. Yr oeddynt hefyd wedi cael cynnig arian mawr am y cwch, ond gwrthodasant ei werthu, ac ymgymerodd yr awdurdodau yn Iwerddon a'i anfon adref iddynt.

Bu'r cwch yng ngwasanaeth trigolion Enlli yn nyddiau'r 'Brenin' Love Pritchard, ac yr oedd wedi croesi'r culfor yn llwyddiannus mewn pob math o dywydd.

(*Yr Herald*, 1933).

ATODIAD 3

Enw yn y gerdd 'Pysgod Enlli'	Enw cyfarwydd/ enw arall	Ffurf Saesneg	Ffurf Lladin
ceimychiaid	cimwch	lobster	Homarus vulgaris
gwychiaid	gwichyn	perywinkle	Littorina littorea
glasin	polac	pollack	Pollachius pollachius
cregin myherin	llygad myharen	limpet	Patella vulgata
seguriaid	siacar goch	crayfish	Palinurus vulgaris
crwbaniaid	crwban môr	turtle	teulu Dermochlyidae
crancod	cranc	crab	Cancer pagurus
cwd-coch	mingrwn	red mullet	Mullus surmuletus
mecryll	macrell	mackerel	Scomber scombrus
gyrnaid	chwyrnwr	gurnard	teulu Trigildae
llysywod	llysywen / llysywen fôr	common eel / conger eel	Anguilla anguilla / Conger conger
mingryniaid	mingrwn/hyrddyn	mullet	teulu Mugilidae
llymriaid	llymrien	sand eel	Ammodytes tobianus
howlesod	corbenfras	haddock	Melanogrammus aeglefinus
cathod	cath fôr	skate	Raja batis
chwidliniaid	chwidlyn = gwyniad môr	whiting	Merlangius merlangus
morleisiaid	morlas	coalfish	Pollachius virens
lwdliaid	lledod bach (?)		
draenogiaid	draenog	bass	Dicenthrarchus labrax
penbyliaid	penbwl môr	tadpole fish	Raniceps raninus
torbytiaid	torbwt	turbot	Scophthalmus maximus
morgyllyll	cyllell fôr	razor shell	teulu Adapedonta
picydiaid	pilcodyn (?)	minnow (?)	Phoxinus phoxinus (?)
gwelleifiaid	cranc llygatgoch	velvet crab	Portunus puber
llymeirch	wystrys	oysters	Ostrea edulis
cocos	cocos	cockles	Cerastoderma edule
cŵn	morgi	dog fish	Scyliorhinus caniculus
cregyn gleision	cragen las	mussel	Mytilus edulis
coelengau	brithyll Mair	rockling	teulu Gadiformes
cod fish	penfras	cod	Gadus morhua
cleiriachod	cleriach y gwymon	ballan wrasse	Labrus bergylta
gwrachod	gwrachen	wrasse	teulu Labroidei
lledod	lleden	flatfish	teulu Pleuronectiformes
gleisiaid	swtan las	blue whiting	Micromesistius poutassou
penwaig	pennog, ysgadenyn	herring	Clupea harengus